高校图书馆阅读推广理论与服务创新实践

郭 静 著

汕頭大學出版社

图书在版编目（CIP）数据

高校图书馆阅读推广理论与服务创新实践 ／ 郭静著
. -- 汕头 ：汕头大学出版社，2022.7
ISBN 978-7-5658-4744-8

Ⅰ．①高… Ⅱ．①郭… Ⅲ．①院校图书馆－读书活动
－研究②院校图书馆－图书馆服务－研究 Ⅳ.
①G252.17②G258.6

中国版本图书馆CIP数据核字(2022)第136431号

高校图书馆阅读推广理论与服务创新实践
GAOXIAO TUSHUGUAN YUEDU TUIGUANG LILUN YU FUWU CHUANGXIN SHIJIAN

作　　者：郭　静
责任编辑：陈　莹
责任技编：黄东生
封面设计：皓　月
出版发行：汕头大学出版社
　　　　　广东省汕头市大学路243号汕头大学校园内　邮政编码：515063
电　　话：0754-82904613
印　　刷：廊坊市海涛印刷有限公司
开　　本：710mm×1000mm 1/16
印　　张：6.75
字　　数：115 千字
版　　次：2022 年 7 月第 1 版
印　　次：2023 年 1 月第 1 次印刷
定　　价：46.00 元
ISBN 978-7-5658-4744-8

前　言

　　随着社会发展的不断进步，人们对新鲜事物的好奇心越来越强，而对于阅读质量的要求也在逐渐增高，高校作为人才培养和输出重要机构，应迎合社会发展的趋势，发挥出其重要作用。高校图书馆作为高校的"第二课堂"，应担负起丰富校园文化生活，开阔大学生的视野，促进教育科研，实现高校内涵式发展的职能。阅读推广是新时代高校图书馆服务创新的主要课题，高校师生在阅读的需求、方式和内容发生了巨大变化，阅读推广服务必须坚持与时俱进，不断创新，推动活动内容与形式的多样化与趣味化，方能提升参与度和吸引力。

　　鉴于此，笔者撰写了《高校图书馆阅读推广理论与服务创新实践》一书，本书共四章，分别为高校图书馆阅读推广的基本理论、高校图书馆阅读推广活动的创新研究、高校图书馆的学科服务与发展思考、高校图书馆的社会化服务创新研究。本书不仅阐述了高校图书馆的基础知识，还探析高校图书馆阅读推广的相关内容，更有高校图书馆服务创新的相关知识。全书结构严谨，内容翔实，结构科学、论述清晰，客观实用，力求达到理论与实践相结合，具有时代性、实用性等特点，有助于高校图书馆实务工作者进一步思考和探讨相关知识在日常工作中的应用。

　　笔者在撰写本书的过程中，得到了许多专家学者的帮助和指导，在此表示诚挚的谢意。由于笔者水平有限，加之时间仓促，书中所涉及的内容难免有疏漏之处，希望各位读者多提宝贵意见，以便笔者进一步修改，使之更加完善。

目 录

第一章　高校图书馆阅读推广的基本理论

在高校中开展推广阅读的活动十分有必要，这可以让学生认识到阅读的重要性，促进学生的全面发展，让学生能有高尚的兴趣。在活动开始前一定要做好相关的准备，才能够让活动吸引学生，改变学生。基于此，本章将通过解读高校图书馆阅读推广的基础知识，探讨高校图书馆阅读推广的主体与客体、高校图书馆阅读推广的策划工作、高校图书馆阅读推广的发展策略内容。

第一节　高校图书馆阅读推广的基础知识

阅读是精神世界的体现，阅读能够充实人们的生活，是对优秀传统文化的继承和发扬。随着当今世界科学技术水平的提高，现代信息技术也在迅速更新发展，人们获取信息的方式越来越便捷，高校学生课余时间经常人手一部手机，不是聊天就是玩游戏，喜欢阅读的学生越来越少。高校图书馆是文化知识的传播者，也是为社会培养人才的重要场所，怎样利用自身的资源优势，在高校内开展阅读推广活动，帮助学生养成良好的阅读习惯，树立终身阅读的思想，提高其自身的文化修养和综合素质，是高校和图书馆的管理者和工作者值得研究的问题。"高校图书馆经过多年的经营，阅读推广活动逐渐从短期目标向长效目标发展，并在高校发挥着越来越重要的作用。"①

---

① 孙翌，陈晶晶，易庆，等.高校图书馆多元化阅读推广服务体系建设与实践——以上海交通大学图书馆为例 [J]. 大学图书馆学报，2021，39（1）：78.

一、高校图书馆阅读推广的构成

阅读推广的总体包括活动的主体、客体、对象、目标以及效果。

高校图书馆阅读推广的主体主要是指高校图书馆，可以是高校图书馆为主，也可以是校内外其他组织活动方为主组织开展的阅读推广活动。

高校图书馆阅读推广的客体，主要指在校师生，也包括社会公众和组织。

高校图书馆阅读推广的对象，也就是向读者推广的活动内容，主要指文献资源、阅读工具等。

高校图书馆阅读推广的目标，是指阅读推广活动开展能够达到的作用和意义，主要包括对高校师生阅读素养和综合素质的提升，引导他们走进图书馆并利用文献资源。阅读推广活动开展前首先要制定目标，活动结束后，分析其影响和效果，是否达到预期的目标。

阅读推广活动的效果主要有两种：一种为显性效果，另一种为隐性效果。同时，高校图书馆阅读推广活动，也是阅读推广的内容和表现形式。

二、高校图书馆阅读推广的基本特性

高校图书馆的阅读推广活动具有以下特性：

（1）活动主客体一体性。总体上，高校教师和学生具有良好的文化素养和综合素质，有能力也愿意充当阅读推广活动角色主体。新媒体时代下，借助于互动性强的信息传播技术，方便师生转换角色，高校师生通常既是阅读推广活动的主体又是活动的客体，两者的角色可以随时互换。

（2）活动客体单一性。目前而言，高校图书馆阅读推广活动最主要的客体群体来源于校内师生读者及相关组织，校外社会读者较少。

（3）活动对象的专业性。高校图书馆的活动客体具有特殊性，高校图书馆在阅读推广活动开展过程中，由于使用资源与内容的不同，更注重活动内容的专业性和学术性。

（4）评价指标的综合性。高校图书馆开展的阅读推广活动评价与分析的指标通常以教师的教学、高校的科研、学生的成绩以及综合素质等为标准。

（5）活动目标的特殊性。高校图书馆开展的阅读推广活动具有公平、自由的特征，而高校图书馆的阅读推广活动注重读者的阅读兴趣和质量，活动的目标就是为高校培养服务社会的人才。

三、高校图书馆阅读推广的目标分析

由于高校图书馆不同于公共图书馆，高校图书馆开展的活动围绕着教学和科研进行，活动的目标不仅仅是培养学生的阅读兴趣爱好和能力，更重要的是实现学科、专业学习、创新创业教育等人才培养目标。

广义的高校图书馆阅读推广，面向的群体为高校师生和社会人士，通过活动发挥高校的社会服务职能；活动的目标为培养高校师生的阅读素养和兴趣。以北京大学图书馆为例，在阅读推广活动方面，首先是满足学生的阅读，其次是落实高校图书馆的职能，所推广的图书既有学术类与教学类的专业类书籍，还有当前畅销书或休闲类书籍。阅读推广活动的开展不能只注重活动参加的人数和影响力，还要看其是否最终完成了高校图书馆的目标和任务。

狭义的高校图书馆阅读推广是图书馆为主导，其他部门和单位共同参与的，在利用现有资源的基础上开展的阅读推广活动。它的目标是能够提高师生的专业技能和综合素质，实现学校和图书馆协同育人的教育宗旨。

四、高校图书馆阅读推广的主要类型

关于高校图书馆阅读推广的类型，不同的学者从不同的角度出发将其分成了五大类：教育功能与使命、深化阅读、信息保障、和谐关系、艺术鉴赏。

从推广内容的角度出发可将其分为五类：阅读文本推广、阅读工具推广、阅读方向推广、阅读理念推广、阅读文化推广。

从推广活动的角度出发可将其分为六类：微推广、小推广、中推广、大推广、巨推广、宏推广。

此外，从阅读推广其他构成要素角度划分，高校图书馆阅读推广还应可以分为以下几种类型。从活动主体角度出发，可分为图书馆主办类、协办类和联合主办类等；从活动客体角度出发，可分为学生类、教师类、师生类、社会大众类等；从活动对象角度出发，可分为推广图书馆类、推广资源类、推广服务类等；从活动功能角度出发，可分为休闲娱乐类、社会服务类和专业学术类等；从活动目标角度出发，可分为阅读能力提升类、阅读兴趣培养类和阅读方向引导类等；从活动地点角度出发，可分为馆内类和馆外类，其中馆外类又可分为校内类和校外类；从活动周期角度出发，可分为定期类和不定期类等。不同类型的阅读推广活动可以满足读者的阅读兴趣和阅读需求，高校图书馆应该根据读者的阅读需求采取措

施和方法，开展不同类型的阅读推广活动。

第二节　高校图书馆阅读推广的主体与客体

一、高校图书馆阅读推广的主体

阅读推广活动需要一个强有力的推广组织机构来策划和组织。学校相关部门是高校阅读推广活动的领导机构，高校图书馆是当仁不让的阅读推广活动直接组织者和实施者，学校社团和志愿者组织是重要的参与者。三者合作开展阅读推广工作，既能把握工作的主动性，又能节省高校图书馆的人力资源，充分调动读者参与的积极性，保证高校图书馆开展的阅读推广工作具有一定的有效性和持续性。其中，高校图书馆作为阅读推广的主体，充分发挥高校图书馆阅读推广的主体的能动作用是整个学校阅读推广工作的关键。

（一）建设舒适优良的馆舍环境与阅读环境

阅读环境对读者的阅读能产生极大的影响。优良的馆舍环境、舒适的阅读空间、良好的阅读环境，可以让读者有家的感觉，从而使读者对阅读产生浓厚的兴趣，由心而发地想要在高校图书馆这个舒适、惬意的环境里阅读。而高校图书馆里浓厚、愉悦的阅读氛围，会让更多的人对阅读产生兴趣，这也是高校图书馆所要营造的环境目标。高校图书馆良好的设计和布置会使读者生出遨游书海的欲望，使图书馆成为人人向往的美好天地。

经典阅读需要人沉下心来，细细品味，反复揣摩，感受经典魅力。因此，高校图书馆应该注重图书馆环境和文化的建设，通过设立阅读共享空间、经典阅读室等，汇集图书馆馆藏经典著作，激发读者阅读经典的兴趣。与此同时，高校图书馆应建立阅读交流栏，以便学生交流读书体会，营造浓厚的读书氛围，使读者在优雅舒适的环境中阅读和自由交流，从而获得传统阅读的快乐。

馆舍环境的布置一定要宽敞、明净，馆内陈设上可以摆放古色古香的书桌椅，宽大的书桌上放一盏古典台灯，馆内适当地点缀一些人文景观，悬挂名家字画；高校图书馆的一隅可添置小桥流水盆景，整个图书馆内适当地栽种藤蔓植物、鲜花，以美化环境，将精心挑选的经典书籍随意地摆放在人们触手可及的地方。在这样一个弥漫着浓浓书香的环境里，大学生耳濡目染，浓厚的阅读意识被激发，自然愿意徜徉其中，体悟跨越时空的心灵交融。

（二）制定高校图书馆馆藏发展政策

馆藏资源是高校图书馆的立馆之本，也是开展阅读推广活动的基本条件，没有资源，阅读推广就成了无源之水、无本之木。高校图书馆要结合自身的特点及其所面对的读者的阅读倾向，建立合理的文献资源配置体系，保证其藏书能够充分地满足读者的阅读需求。因此，高校图书馆不仅要拥有资源，还要拥有优质的资源。制定完善的馆藏发展政策，是高校图书馆资源建设的重要一环，也是高校图书馆阅读推广工作的基础。

馆藏发展政策是高校图书馆发展的一种规划性体现，目的是为高校图书馆馆藏的维护和发展提供政策框架。同时馆藏发展政策还保证了馆藏发展的连续性和一致性，最终使馆藏发展为学校发展的整体目标服务。按照学校发展实际和发展目标，在保障重点学科文献资源建设的同时，力求更加全面地收藏所有学科的文献资源，确保文献资源与学校学科建设同步甚至超前发展。将高校图书馆建设成能满足教学需要的本科生图书馆和能满足科研需要的研究型图书馆。

近年来，我国在馆藏发展政策的理论研究上取得了一些进展，但在实践领域并未得到图书馆界应有的重视。除武汉大学、厦门大学等少数几个高校图书馆制定了本馆的馆藏发展政策外，很多高校图书馆制度中根本没有此项内容，导致采购工作缺乏规范和指导。因此，各高校图书馆应尽快建立起详细、主题鲜明的馆藏发展政策，其中重要的一项就是要为推动阅读制定良性发展计划，给予读者阅读以坚定、持续的支持和引导。不论是为满足教学和科研需要，还是为促进阅读，高校图书馆都应该实行按需采购的制度，将书商的新书目录、学科馆员的反馈、读者荐购书目和书评等作为重要的选书依据。在经费允许的前提下，采购要着重关注图书的质量，购买系统的、有价值的书籍，满足读者阅读的需要。

另外，由于各个图书馆所处的位置不同，其办馆条件也不相同，其购书经费也多寡不均，但无论多寡，图书馆都要有效地利用购书经费，购置可以充分满足读者需求的书刊，使书尽其用，充分发挥每本书的价值。同时，图书馆还应将数字资源建设放在图书馆发展的突出位置，重点对待。网络数字技术所带来的丰富的阅读内容、便捷的获取方式、开放的阅读环境、互动的阅读过程以及直接感官冲击的阅读效果是传统的纸质阅读无法比拟的，也深受广大读者的青睐，已成为当代大学生的一种主流阅读方式，是一种获取知识的新途径。因此，高校图书馆必须加强数字化资源建设，顺应读者的数字化阅读需求，加大对电子阅览室、多媒体室等网络设施的投入，购买电子资源，如各类数据库、电子书刊等，加强对各种资源的整合、采集、整理，将相关资源馆藏化、数字化，建立自己的特色资源数据库。加大对数字资源的建设与开发的投入，以便更好地为读者提供更广泛、更快捷的文献资源。同时，高校图书馆还要通过网络平台，实现对网络信息资源的整合、开发及共建共享，为读者提供更加全面综合、更加容易利用的文献资源。

总之，高校图书馆要加强资源建设整合，构筑多元化阅读平台，使各种文献形式和载体资源协同发展，建设结构合理、重点突出、特色明显的优质文献资源体系，以确保顺利开展阅读推广活动。

（三）规范高校图书馆的借阅制度

图书馆的规章制度是图书馆实践的总结与概括，反映图书馆发展的客观规律，是图书馆馆员及读者的行动准则。它是合理组织图书馆工作，充分发挥图书馆职能的保证，也是图书馆实现科学管理的依据与准绳，是正确处理图书馆内部各种关系、发挥图书馆全体人员的积极性与创造性、提高服务质量和保证图书馆正常运行的手段。

图书馆针对读者服务一般都会有相应的制度。借阅制度、续借制度、预约制度、召回制度、馆际互借、超期惩罚制度以及豁免制度等可构成一个完整的借阅体系。这个体系的合理、有序、健康运转，能够保障读者阅读需求顺利实现和阅读行为顺利完成。但是，目前我国许多高校图书馆的借阅制度存在着一定的问题，可以参考国外高校相关规章制度进行修改。如美国著名高校图书馆借阅制度的条款就很详备，各环节连贯一致，人性化贯穿于整个管理过程中。那些看似烦琐的制度条文，虽然会导致管理成本的增加，但一方面，它具有更强的可操作性；另一方面，其人性化的管理措施也使得图书馆工作人员和读者之间的关系更亲密友好，让读者、资源与管理者之间形成一个良性的循环。高校图书馆要贯彻"以读者为中心"的服务理念，首先应该在读者制度方面体现人性化，因为只有从制度上体现，才能更持久、深入，更具操作性。

目前，国内高校主要的规章制度都有其共通之处，因而高校图书馆有必要先建立体例一致、形式规范、内容健全、语言标准的制度体系，然后各高校图书馆再根据各自的特点对该制度加以完善。特别需要指出的是，目前高校图书馆针对读者的有关借阅制度普遍存在的通病就是语言过于强势、生硬，这样多多少少会降低读者的阅读热情。读者到图书馆本身就是一种值得尊重和鼓励的行为，对于可能出现的不规范行为，也应该注意措辞和语气。因此，高校图书馆的借阅制度必须与时俱进，跟上时代发展的步伐，充分利用自身优势，充分考虑读者借阅的便利性，制定更加人性化的借阅制度，提高服务质量，发挥高校图书馆服务读者，服务教学、科研的作用，真正使高校图书馆的教育、信息服务和学术研究职能得到充分发挥。

（四）加强高校阅读推广的宣传工作

宣传工作是高校图书馆的一扇窗口，是阅读推广过程的必然手段。宣传工作是指对高校图书馆及其提供的产品及服务的介绍，是现代高校图书馆工作的重要组成部分。高校图书馆开展宣传工作，一是可提高文献资源的利用率。宣传作为一种传递信息资源的方法和手段，可揭示高校图书馆的馆藏资源和网络资源，加深读者对信息资源的认识，使读者进一步了解高校图书馆的职能、作用、服务项目、规章制度等，从而激发其利用高校图书馆的热情。二是可促进高校图书馆的发展。

通过宣传高校图书馆，展示图书馆工作者默默无闻、无私奉献的崇高职业形象，唤起社会对高校图书馆重要性的认识，赢得公众对图书馆工作者的尊重，增强图书馆工作者的自豪感和工作热情，能使高校图书馆的发展获得强大的内在动力。

目前，高校图书馆通常使用的媒介可分为传统媒介、多媒体和社交媒介。传统媒介包括悬挂横幅标语、张贴海报、布展等；多媒体有电子显示屏、电视、通识平台、网站等；社交媒介有社交网站、QQ群、博客、微博、微信等。无论是传统媒介还是社会化媒体，高校图书馆都应根据自身需求结合自身的技术和管理水平选择几种或多种推广手段，将推广范围最大化。宣传要注意传递信息的新颖性、准确性和易用性。宣传还要有一定的计划性，在不同的时期，确定相应的主题，围绕主题开展各种宣传工作，只有用心营造友好氛围和创新服务，才能受信于读者，形成良性循环。

高校图书馆还可以吸收大学生参与高校图书馆宣传工作。在校大学生是高校图书馆的主要读者群体，可以起到很好的宣传效果。大学生之间彼此了解、相互沟通，学校有什么新闻，大学生们都会互相转告。高校图书馆吸收在校大学生参与图书馆宣传工作，以吸收社团成员为主，例如读书协会社团、校学生会等。图书馆宣传工作者首先从社团、学生代表处获取读者所需信息，其次有针对性地宣传图书馆信息，然后利用学生间的"口碑"进行宣传。这样往往能达到一个较好的宣传效果。

高校图书馆可以充分利用高校图书馆的宣传周、全校读书月等大型活动，利用校园网站、广播、墙报、简报、横幅实时宣传报道，编印下发各类资料，以多样的形式大力宣传阅读的价值，让大学生真正了解阅读的意义、阅读的方法以及读什么、怎样读。比如，披露国内外阅读动态、发展趋势；进行阅读指导和阅读研究性著作；通报中外最新的学术性和大众性出版物；介绍或剖析中外经典著作等。在读书活动期间，采用有特色的阅读主题密集宣传，平时有计划地定期宣传，多种形式并用，给学生留下深刻印象，使阅读深入人心，使建设书香校园的思想无处不在，无人不知。

在这不断变化的形势和社会环境下，高校图书馆宣传工作应以提高服务水平和创新服务项目及方式为目标，应以向读者推广图书馆服务、满足读者需求为任务。宣传工作是高校图书馆长远发展中不可或缺的一项工作，尽管一部分高校图书馆受到经济、人力等方面因素的影响，宣传工作不尽如人意，但仍应克服困难，根据自身情况尽可能地做好宣传工作，争取更好地为读者服务，努力提高高校图书馆在读者心中的地位。

（五）建立稳定的阅读推广服务团队

建立专门的阅读推广机构并组建稳定的服务队伍是实施阅读推广的保证。阅读推广队伍的不稳定会影响阅读推广项目的质量和连续性。目前，阅读推广工作已成为高校图书馆的一项重要工作，大多数高校图书馆都有专门的阅读推广人员，有些高校图书馆还成立了专门的宣传推广部门。阅读推广人员应该具备以下素质：

（1）具有良好的职业品质。职业品质是各个从业者对自己所从事职业的内涵和价值的判断与认可程度，以及在这种价值判断指引下所采取的职业态度。良好的职业品质既源于自身良好的社会公德修养，即为社会奉献的精神和对待他人的良善品格，也源自扎实的职业训练和深厚的个人职业意识和职业修养。良好的职业品质是高校图书馆阅读推广人开展好业务工作的基础。

（2）一切为读者服务的宗旨。为读者服务是高校图书馆的宗旨，"一切为读者，为一切读者，为读者一切"是服务宗旨的理想细化。服务宗旨落实到实际行动中最好能够做到：资料随处可得，信息共享空间，咨询无处不在，馆员走进学科，技术支撑服务，科研推进发展。只有这样，才能使读者不受时空限制、无障碍地利用图书馆。

（3）熟知高校图书馆资源及新技术。高校图书馆馆员、高校图书馆阅读推广人员应熟知高校图书馆馆藏文献资源类型、内容及馆藏位置，方便随时引导读者获取文献资源；熟知数字资源、虚拟资源及利用方法，随时指导读者检索和利用数字资源；熟悉计算机技术及多媒体技术，及时通过新技术向读者推送服务。

（4）具备图书馆学基础知识和管理学知识。阅读推广人员应掌握高校图书馆学基本知识，主要包括：图书馆的要素；图书馆的组织、工作内容和工作方法；图书分类体系，熟知中国图书的类别。掌握管理学知识是指了解管理学中基本理论的主要内容，能灵活运用所掌握的管理学中的基本理论和原则，分析、解决管理实际问题，进而做到管理好读者、管理好资源、管理好服务团队。

此外，阅读推广人员还应具备以下能力：

第一，策划、组织及评估能力。高校图书馆阅读推广人员必须具有较好的活动策划、组织及评估能力。策划能力应包括：阅读推广主题的拟定、阅读推广项目的设计、工作任务的分配、阅读推广进度计划的制定以及阅读推广方案的撰写、阅读推广经费的预算、阅读推广活动的选址和活动的布置。组织能力表现为：顺利完成接待任务、后勤保障任务、联谊任务，做好阅读推广现场的服务与管理工作。评估能力体现为：阅读推广活动结束后能及时对活动效果进行评估。从读者满意度和阅读效果出发，对评价低的策划活动及时进行调整，让评价高的策划活动持续开展下去。

第二，较强的公关能力。公关能力是指有目的、有计划地为改善或维持某种公共关系状态而进行实践活动的能力。高校图书馆阅读推广人员的公关能力表现在建设书香校园活动中的介入能力、适应能力、控制能力以及协调性等。高校图书馆阅读推广人员跟读者、各部门打交道，要把握交往的技巧、艺术、原则，了解读者的行为特点，要与各种类型和特点的读者友好交往。

第三，撰写书评和推荐书目的能力。高校图书馆阅读推广人员需具备撰写书评的能力。撰写书评是高校图书馆阅读推广人员应尽的职责，是深化读者服务的需要，是爱岗敬业的表现。书评要尽力做到从政治观点、思想内容、科学水平、审美价值以及理论和实践意义等各方面对图书进行分析、评论和介绍，使读者通过阅读书评就能够快速知晓图书主题。

另外，高校图书馆阅读推广人员应为读者推荐好书，推荐书目不能简单照搬出版机构的畅销书目、其他单位或者高校的推荐书目。推荐书目必须符合自身院校特点，从本校读者实际情况出发。推荐书目必须遵循一定的标准，应具有正能量，合理推荐经典文学、优秀人物传记等。

一个理想的图书馆，不仅仅是一个资源存储机构，它还应告诉读者读什么及怎么读。高校图书馆应该设立专门的阅读推广岗位，有条件的高校图书馆可以建立阅读推广工作部门，负责开展高校图书馆推广的各项工作，包括读者需求调查、本馆现状分析以及需要解决的问题等，提出开展阅读推广活动的措施建议。阅读推广部门的建立是高校阅读推广的组织保障，便于高校图书馆活动的策划、实施，使高校阅读推广活动内容更加专业、步骤更加精细、管理人员主人翁意识更强。

二、高校图书馆阅读推广的客体

高校图书馆阅读推广的主要对象是师生读者。高校图书馆需要对不同目标对象的阅读推广行为进行研究，针对不同的读者制定和设计不同的阅读推广项目。

新生对图书馆不了解，阅读目的不明确，喜欢通过新书推荐来找寻喜爱的图书；高年级学生具有一定的阅读能力和意愿，阅读能力强，通过信息检索课程的学习，信息检索能力有所提高，而图书馆与学生社团共同举办的名师讲座、主题活动等对他们的吸引力比较大，他们参与的积极性比较高；教师文化层次比较高，到图书馆主要是为了获取专业的文献和服务，一般不会主动参与主题类的阅读推广活动，但对深层次的课题服务、学科服务比较感兴趣。因此，以大学生为主体的读者是高校图书馆阅读推广的主要客体，识别大学生读者的潜在阅读需求和阅读特点，并与大学生社团合作进行阅读推广，是做好高校图书馆阅读推广工作的必要前提。

（一）针对大学生读者的阅读特点提供相应的阅读推广服务

根据阅读素养形成的"五阶段模型"，大学生应进入"构建与批判"的阅读阶段，"构建"即通过对书本知识的融会贯通形成并完善自身知识体系；"批判"即通过对自身知识体系、思维脉络的反复推敲，审视书本中的逻辑、思维脉络，在批判继承过程中使自身修养、素质得到升华。

大学生群体心理的跳跃性、求知性、交替性、猎奇性特征造成其在选择时出现困惑和迷茫。长期以来，过于追求实用的阅读模式限制了大学生眼界、视野、思维境界的发展，给阅读选择亦造成了相当大的障碍。同时，由于自身专业领域、知识深度及层次的不同，大学生会因阅读能力、理解能力、思考能力未达到相应标准而无法开展深度阅读。碎片式的网络阅读占据了大学生越来越多的时间，大多数学生拥有积极向上的阅读态度，对阅读的重要性给予充分肯定，但缺乏阅读的动力导致阅读行为较为滞后。

一般而言，大部分高校学生的阅读面都比较窄，还有一部分大学生只阅读自己感兴趣的杂文而对于文学名著或者专业书籍持保留态度。大学生的阅读还具有盲目性和随机性，没有一定的阅读方向，也没有形成固定的阅读方式和阅读习惯。随着网络的影响，更多的大学生现在喜欢阅读的是短小轻松、易于理解的"网文"，也就是"轻阅读"，阅读的质量跟不上去，对于内容的独立思考能力和深度阅读能力有所欠缺。可见，当前大学生的阅读状况不容乐观，主要表现为：阅读量小，阅读功利性强、重网络阅读、轻纸本阅读，阅读通俗化、快餐化等。这些缺陷严重影响了大学生的阅读兴趣和深度，他们多为被动阅读，无法感受到读书的乐趣。但让人欣慰的是，现在大多数大学生在阅读能力方面的自我期望较高且能够认识到自身阅读能力的缺陷，希望通过专家指导或其他方式提升自身的阅读素养。因此，高校图书馆在阅读推广活动中要多动脑筋，面向不同阶段的大学生读者开展有针对性的阅读咨询和指导服务，组织一些大学生感兴趣的活动来吸引大学生的关注，以此来提高大学生的阅读兴趣。同时，高校图书馆也可以招收一些喜欢阅读的大学生参与阅读推广活动，让他们担任义务阅读推广者。首先，这些大学生推广者是学生身份，与其他大学生读者有共同语言，更能了解大学生读者的需求。其次，通过大学生推广者的宣传，能够让更多的大学生了解高校图书馆，了解高校图书馆的信息资源，由此来培养大学生的阅读兴趣。最后，大学生推广者本身就喜欢阅读，通过他们的影响能带动更多的大学生来积极地参与阅读。

（二）识别不同阶段大学生读者的潜在阅读需求

提高读者满意度，实现高校图书馆发展的可持续性，可从识别读者的潜在阅读需求开始。读者的潜在阅读需求可以通过信息收集、调研分析、细化读者群体来识别。根据读者本身的属性，细化读者群体，分层管理。

大学生具有青年读者和学生读者的双重特征。作为年轻人，他们处在生理、心理、智力发展和世界观的形成期。生活独立性逐渐增强，思想较为活跃，思维、观察能力有所提高，自我意识较强。作为学生读者，他们接触的知识领域更加宽广而深入，其阅读兴趣、阅读目的受到毕业后继续求学或就业需求的影响。为了成为合格的专门人才，成为德、智、体全面发展的大学毕业生，他们在大学阶段系统学习政治理论、专业理论，以及综合性的科学文化知识，使自己具有较高的文化素质、合理的知识结构，由知识型人才向智能型、创造型、通用型人才发展。

大学生的阅读倾向和规律随着其知识的累积程度和年级阶段的不同而有明显的差异，高校图书馆应针对大学生读者阅读的这一特点，开展有针对性的阅读咨询、指导。多数大一新生，刚刚从应试的阅读模式中解脱出来，摆脱了高考的压力，突然的放松使他们无所适从，对在大学期间应该如何阅读学习还处于懵懂无知的状态。同时对于高校图书馆的认识也极度缺乏，这使他们的阅读带有较大的随意性和不确定性，主要是进行消遣性的、无目的的阅读。所以高校图书馆需要对其进行有效引导，通过新生入馆教育等方式，帮助他们学会利用图书馆，并树立正确的阅读动机，以免其走入阅读的误区。如河南理工大学图书馆在每届新生入学时，都要安排专人对他们进行入馆教育，教他们如何利用图书馆，以及在图书馆应进行何种阅读活动。

大二、大三的大学生经过大一的学习生活，已经逐步适应了大学的阅读学习方式。由于他们已经开始了专业课的学习，面临着许多专业知识，因此需要借阅大量的专业类图书，以解决在学习过程中出现的问题。他们在阅读的同时，拓展了知识面，为将来择业奠定基础。但是随着高等教育的普及、就业压力的增大，有相当一部分大学生为了提高自己就业的成功率，努力考取各种资格证书，然而这往往导致他们在专业知识的学习上存在缺陷，不能达到用人单位对专业人才的要求，从而失去就业的机会。这就要求高校图书馆与学校其他相关单位配合，采取有效措施，指导这些大学生加强对专业知识的学习，为以后打下坚实的专业知识基础。

对于大四即将毕业班的大学生，他们的阅读目的比较明确，带有明显的实用性和功利性。他们阅读的主要目的集中在撰写毕业论文上，需要大量并且多元化地阅读专业书刊，因此他们把大部分时间都消耗在查找与毕业论文相关的专业文献资料上。还有相当一部分大学生要考公务员、考研等，需要阅读考试有关的参考类图书资料。所以，高校图书馆应为毕业班学生有针对性地开展文献信息检索、咨询服务。另外，毕业班的大学生还要面临择业的问题，高校图书馆可以聘请相关方面专家开设职业规划讲座，根据所处学科专业、个人发展状态等情况为其答疑解惑。

高校图书馆可通过跟踪关注大学生读者的历史借阅信息、检索记录、浏览记录，对大学生进行问卷调查，也可以通过提取高校图书馆论坛的读者提问发言等方式，以数据挖掘为手段全面了解大学生的个人兴趣爱好、心理发展状态，确定大学生读者的阅读倾向，为大学生读者建立阅读档案，提供有针对性的个性化阅读服务。

（三）建立大学生读者阅读激励机制

阅读激励机制可以尝试从以下几方面来建立：

（1）设立阅读学分制。阅读学分制度，是高校图书馆按照一定的标准，将读者在一定时期内的阅读情况转化为相应数量的学分，读者按照学分的多少获得高校图书馆一定的奖励和享受一定的服务的高校图书馆阅读管理制度。读者获得的阅读学分由高校图书馆专门人员进行登记汇总，在每学期末学校评比奖学金时计入总分，成为评比的一部分。同时当读者的阅读学分积累到一定数量后，可参加高校图书馆优秀读者及其他奖项的评比。"阅读学分制"有很强的趣味性和竞争性，能够激发读者的阅读兴趣，使其体验到获取知识的快乐，同时也可以提高高校图书馆文献资源利用率。当然，阅读学分制比较复杂，需要科学合理设置。

（2）"阅读之星"评选活动。"阅读之星"评选活动是通过高校图书馆借阅管理系统对读者借阅图书量进行统计，到年底对借阅排行榜前十名的读者，在征得本人同意后，高校图书馆将其个人借阅信息及读书感悟等汇总后在馆内宣传板上展示。高校图书馆为获得"阅读之星"的读者颁发荣誉证书，此外还提供一些其他的奖励，如印有高校图书馆 Logo 的精美纪念品、高校图书馆当年考研专用研习室的优先预约权、一年的免费文献传递服务，或高校图书馆电子阅览上网时长，或跟随高校图书采购人员到书店里挑选图书的特权等。榜样的力量是无穷的，高校图书馆利用榜样的激励作用，可以激发其他读者的阅读热情，有利于弘扬多读书、读好书的良好风气。

（3）搜书技能大比拼。高校图书馆开设文献检索课或开展新生入馆教育，可以帮助大学生更好地利用图书馆，提高大学生获取文献信息的能力。但是在实际工作中发现，很多大学生读者虽然接受了培训，但真正利用图书馆时依然感到迷茫，面对资源丰富的图书馆感觉无从下手，也有的大学生不愿意认真查找资料，也不愿利用图书馆，主要嫌麻烦。为唤醒大学生潜在的能量，培养他们学习的积极性、主动性，高校图书馆可以每年举办"搜书技能大比拼"活动，比赛要求大学生读者在规定时间内从书库中正确找到相应数量的图书，最终评选出获胜者，并给予相应的奖励。生动活泼的竞赛形式比传统的入馆教育、文献检索培训更有吸引力，更容易调动大学生利用图书馆的热情，但该类比赛参与人数毕竟有限，受益的读者也只是少数。

（4）爱心图书漂流活动。图书漂流是一种源自国外的阅读方式，这种崭新的阅读方式在国内日渐受到推崇，越来越多的人参与其中。图书漂流是指书友们将自己拥有却不再阅读的书籍贴上特定的标签后，投放到公共场所，无偿地提供给拾取的人阅读。高校图书馆可利用与书商的业务关系，筹集用于漂流的优秀图书，同时向全校师生特别是毕业班的同学发出捐书倡议。为了鼓励学生踊跃捐赠，高校图书馆可以出台相应的规定，读者一次性捐赠多少本以上且符合馆藏标准的图书，将获得高校图书馆颁发的捐书荣誉证书。而荣誉证书作为高校图书馆对于读者捐赠图书的回馈，表达了高校图书馆对书籍捐赠者无私付出和爱心传递精神的肯定，也促进更大范围的知识共享和爱心传递。

以上这些激励机制是为了服务大学生读者而存在的。在激励机制建设的过程中，高校图书馆可以鼓励和吸纳大学生参与到激励机制的建设中来。高校图书馆可以通过学生社团组织、教育教学平台、校园网络等渠道发布激励机制，使大学生更清楚地了解学校的激励机制。同时，广泛吸纳学生的想法和建议，不断制定符合学生需求的激励制度，从而有效调动学生的积极性和主动性，让学生成为阅读推广活动的主人。

（四）高校图书馆与大学生社团合作共促阅读推广

阅读推广是高校图书馆以活动的形式积极开展的，通过影响读者的阅读选择从而不断引导读者阅读的一种过程。高校图书馆作为学校的一个部门，不论人员还是精力都是有限的，需要借助外部的力量才能更好地开展工作。对高校来说，最好的合作伙伴就是学生社团。

大学生社团是由来自不同院系、不同班级的学生自发组织起来，按照学校相关章程和规定自主组织并开展活动的群体。学生社团通常有形成自发性、内容多样性和活动特色化等特点。大学生社团可以通过加强与图书馆的沟通，积极向高校图书馆反馈当前大学生读者的阅读需求和阅读变化。大学生在参与阅读推广活动时能及时通过社团组织把自己在活动中的感受、感想反馈给活动组织者。

大学生对阅读活动的反馈，有利于活动组织者广泛积累活动经验，进一步完善活动机制，为下一次开展高质高效的阅读推广活动打下坚实基础。大学生社团发挥中间作用，高校图书馆能深入了解读者的阅读喜好或阅读兴趣。同时，大学生社团中就有学生读者，学生最了解学生，学生读者能把自己最真实的阅读情况及时地反映给高校图书馆，有利于高校图书馆下一次阅读推广活动的开展。学生社团根据大学生读者的阅读需求和变化进行创意和设想，能进一步丰富阅读推广的活动内容，让活动形式多样化，同时不断激发大学生读者的阅读兴趣，助力阅读推广活动广泛开展。因此，通过与大学生社团的合作，高校图书馆能更好地与学生读者进行联系和沟通，进一步拉近了与大学生读者的距离。

大学生社团参与高校图书馆的阅读推广活动，阅读交流，以书会友，除了能激发大学生自身的阅读兴趣外，还能不断提高其阅读水平，不断发动更多的群体参与到阅读活动中，形成人人"爱读书、读好书、好读书"的阅读氛围，进而改变大学生的阅读现状。大学生社团还能积极联合校内其他社团或校外其他机构，积极参与到阅读推广活动中来，形成良好的阅读氛围。

大学生社团积极发动身边的人参与阅读推广活动，通过发挥桥梁纽带作用，积极促进阅读推广活动进一步开展。高校图书馆也应积极支持大学生社团参与到阅读推广活动中，充分发挥其桥梁纽带作用，不断做好阅读推广的各项工作，实现"双赢"，共同发展的目的。

例如，武汉大学图书馆的珞珈阅读广场由高校图书馆组织，与自强网、真趣书社和爱乐社等学生社团合作举办，是高校图书馆推广阅读文化的一种新尝试。活动采取竞标方式，由学生组织递交项目申请书，高校图书馆经过评审，最终选择合适的社团开展合适的活动。活动包括"珞珈开卷""影像阅读""音乐空间"三个版块的内容。它通过小型沙龙的形式，融合影音与阅读，面向全校师生提供了一个分享阅读感悟、思考和鉴赏人文作品的文艺传播平台，引导学生通过阅读书籍、观看影音等方式增加人文涵养，提升人文情怀。参与阅读推广活动的读者可根据自己对文字、影像、音乐等人文艺术作品的阅读和思考与他人进行交流。

大学生社团在高校图书馆开展阅读推广工作中扮演着重要的角色，发挥着不可替代的作用。对于高校图书馆而言，每一位读者都是一本"真人图书"，每一个社团都代表着一种"独特的校园文化"，都值得珍藏。高校图书馆要积极重视大学生社团，通过大学生社团自我管理、自我推广的形式开展丰富多彩的阅读推广活动，进而影响大学生读者的阅读行为。

第三节　高校图书馆阅读推广的策划工作

一、高校图书馆阅读推广的受众目标

阅读需要普及与推广，但如何推广，则无一定之规。高校图书馆是大学校园中读书活动的策源地和大舞台，阅读推广活动一般由高校图书馆推动。"近年来，高校图书馆阅读推广活动持续推进，不仅引起社会广泛关注，还取得了较好成效。"[①] 高校图书馆的服务对象主要是青年学生及老师，阅读推广活动很大程度上就是针对大学生展开的。大学生除了阅读专业文献，还需要阅读那些与他们心理成长和人格完善有关的书籍。

阅读推广可以提升高校图书馆的服务能力，符合高校图书馆核心价值的阅读推广目标是：让不喜欢阅读的人喜欢上阅读；让不会阅读的人学会阅读；让阅读有困难的人跨越阅读的障碍。与之对应，针对大学生进行阅读推广的目标主要有以下几点：提升资源使用率；提升大学生阅读意愿，提高大学生阅读能力；提供阅读交流的平台。阅读推广的内容主要是高校图书馆的资源及服务，而推广的方式则是在线上、线下开展读者喜闻乐见的各种活动。

二、高校图书馆阅读推广的策划原则

高校图书馆开展阅读推广活动的目的是要吸引大学生的注意及参与，活动须精心组织与策划。详尽细致的策划方案是阅读推广活动顺利开展的保证。

（一）创意性与常规性的平衡

高校图书馆阅读推广活动的开展是希望引导更多的人参与，而宣传推广活动如果具有创意就能极大地提升宣传效果。衡量宣传推广活动是否具有创意，要看它是否引起了大学生广泛的共鸣，是否给大学生留下了深刻的印象以及是否取得广泛的关注。

高校图书馆可定期策划一些创意性活动，要打破常规，寻找创意上的突破，要能够抓住大学生的眼球。在策划活动时，要求方案新颖、个性化、趣味化、富有挑战性，达到"惊异"效果。但创意性活动需要更多的人力、财力、物力，对技术也有更高的要求，高校图书馆也不可能所有活动都是创意性活动。就阅读推广活动本身来说，它有常规与非常规之分。除了非常规的创意性质的推广活动，常规性活动则是在高校图书馆内经常性开展的活动，相对较普遍，有利于营造高校图书馆的口碑。

高校图书馆阅读推广活动的策划，要特别注意在创意性和常规性间寻找一个平衡，将常规活动打造成品牌，在人力、财力、物力条件合宜的情况下，开展创意性活动，达到锦上添花的效果。

---

① 高凡，欧阳娟，吴秀明. 高校图书馆阅读推广对读者个体影响力的评价研究 [J]. 大学图书馆学报，2021，39（6）：62.

（二）针对性与整体性的协调

每一项阅读推广活动都针对一定的目标群体。高校图书馆开展阅读推广活动，需要设定明确的目标群。大学生的阅读倾向和规律因其所处年级以及知识积累程度的不同存在明显差异，应针对不同群体开展不同内容形式的阅读指导活动。客户细分是客户关系理论的重要组成部分，特别强调需求的差异性。推广对象分层越细，所做的工作越有针对性，就越能满足特定群体的需求。粗略地看，高校图书馆大学生读者可分为本科生、硕士生、博士生，这个分类还可进一步细化，本科生还可分为新生、老生及毕业生。阅读推广的对象主要是本科生，而针对新生的活动与针对老生的活动却大有不同。新生到校后，一个重要任务是要了解图书馆，提高信息素养，而老生则在这方面已有基础，他们更希望找到自己想看的图书。大三、大四的本科生则更希望获得写论文、考研、找工作等方面的指导。即使是同一年级的学生，人文学科和理工学科的学生，需求也是不一样的。

阅读推广还要考虑整体性。包括与高校图书馆服务宗旨协调一致，兼顾高校图书馆各个读者群体，协调阅读推广工作中的各个环节。大学生层次不同，因此在策划活动时，要统筹考虑，不能只考虑某一个群体的需要，如不能只考虑新生的需求，也不能只考虑老生或毕业生的需求。在布局阅读推广活动时，先做通盘考虑，再做适当倾斜。例如秋季，考虑到新生入学，可以多组织一些面向新生的活动，再适当地组织一些针对高年级学生的活动；到了春季，活动内容可以适当向高年级学生倾斜，再适当地布局一些针对低年级学生的活动。

（三）科学性与前瞻性的结合

首先，阅读推广活动策划要有科学性，确保导向正确、宗旨明晰，意在引导阅读和促进阅读；其次，阅读推广活动的策划内容和形式是具有可操作性的，高校图书馆在人力、物力、财力上要能保障活动顺利实施。阅读推广活动的策划也要有前瞻性。除针对纸质图书等开展活动外，还要时时关注网络环境下新技术的发展及读者阅读习惯的变化，要跟踪数字阅读、掌上阅读、新媒体等信息技术形式的发展，创新活动形式，不断策划新的主题活动。

（四）兼顾计划性与可持续性

阅读推广每一项活动都要进行很长时间的筹备。为保证活动质量与效果，通常情况下都要有计划性地做一系列未雨绸缪的工作。策划之初就要考虑人员、经费、资源，甚至时间和空间等条件，提前为未来拟筹划的活动创造相关条件。

通过推广阅读来促进读者阅读习惯的养成、阅读文化的建设，是一个长期的过程，非一两次读书活动就能做到，所以阅读推广不应仅是应景、应时的节日型、运动型活动，还必须建立起长效机制，在人员、经费、资源等方面做出整体规划和安排。在策划时，可以考虑将有些可反复开展的活动做成品牌，形成口碑。读者经阅读推广活动的反复刺激，可提高参与的欲望。例如，"一城一书"这样的活动就可持续性开展，可以以年、季、月、周等不同周期开展，周期不同，书籍不同，这样可以提高书籍的阅读率。在高校图书馆的阅读推广活动中，也可以持续打造"一校一书"的立体阅读模式，让读者阅读成为习惯。

三、高校图书馆阅读推广策划的模式

策划的模式不一而足，可以由某个人或一个团队策划，再经讨论定稿。策划需要创新，但忌闭门造车。要开展多样化、精准化的阅读推广工作，需内外合力，使高校图书馆资源与服务最大程度地被知晓、被利用。

（一）头脑风暴模式

成功的推广方式首先需要创新性思维，在阅读推广活动往往需要新点子的注入，因此，高校图书馆阅读策划者要有创新和开拓的精神，在阅读推广活动的形式和内容上有所突破。为激发创造力，高校图书馆可在确定阅读推广议题后，由不同专业或岗位的人员组成小组讨论，在轻松融洽的气氛下，就活动方案自由发表意见。在限制较少的情况下，集体讨论问题能激发人的热情。人人自由发言、相互影响、相互感染，能形成热潮，突破固有观念的束缚，最大限度地发挥创造性的思维能力，碰撞出思想的火花。

（二）众包模式

众包模式指的是机构或公司把以前由工作人员完成的任务，以自愿的方式外包给大众网络的做法。通俗而言，就是让更多的人参与一个机构的活动，达到集思广益的目的。有研究认为，高校图书馆在四个领域可应用众包模式提高高校图书馆服务水平，有效协助教学科研，其中包括高校图书馆阅读推广服务。通过众包模式来吸纳不同文化背景的人员参与阅读推广的工作，有助于建立多元化阅读推广服务体系，提高阅读推广活动的创新性和包容性。特别是从高校图书馆外部吸引人才，使他们参与合作过程，策划出适合同龄人心理的活动，吸引更多同龄人参加，可以帮助高校图书馆打开阅读局面。

高校图书馆引入众包模式进行阅读推广策划具有一定的可行性。高校有庞大的学生队伍以及粉丝群，高校图书馆又与各级机构间有着长久的合作关系，这些

因素是图书馆开展众包服务的良好基础。学生组织及社会网络中的粉丝可以成为高校图书馆众包项目的志愿者，为高校图书馆完成合作化任务提供保障。

在阅读推广的策划方面引入众包模式，就是要集众人的智慧，让人人参与，获得新创意。高校图书馆利用众包模式，广征活动创意，包括活动方案、活动名称、活动文案等。成功的范例如清华大学图书馆曾举办"我让小图更聪明"创意征集活动，44位师生的创意获奖，优秀创意可进入小图语料库，成为"小图"的知识点；复旦大学图书馆、山西大学图书馆均在图书馆网站征集过馆徽。

将读者和粉丝作为宝贵的资源，巧借外力，能使策划的内容更贴近学生读者的感受，更受学生喜爱。针对部分技术或设计要求较高的项目，也可以项目制的形式交给学生团队策划。

四、高校图书馆阅读推广策划的流程

（一）做好阅读推广的前期调研

1. 对资源与服务特色进行梳理整理

策划人员只有对本馆的资源与服务有充分的了解，才能进行有针对性的推介。一种是依托大众性的资源和服务进行阅读推广策划，如结合好书榜、获奖图书等开展书展和读书会。另一种是挖掘图书馆特色资源和服务进行阅读推广策划，推出专题活动。

2. 进行针对性推介

新信息环境下，互联网上的新创意层出不穷，很容易转移读者的吸引力。很多高校图书馆在策划活动时，往往依据惯性思维，没有事先认真调查学生的阅读兴趣和实际需求，与读者沟通不足，读者体验偏少，欠缺双向深层次交流，导致活动的参与者较少。高校图书馆要紧跟时代发展，了解读者的心理，融入快乐推广的理念，在高校图书馆与读者间建立一个亲和的"媒介"，搭建良性互动的平台，将活动的推广方式打造得活泼、有趣，迎合读者的喜好，与读者形成共鸣。

（1）通过前期调研了解读者的需求。

阅读推广活动的前期调研很重要，要以读者为中心，重视读者的体验，充分了解高校读者的阅读兴趣和阅读爱好，针对高校读者的兴趣爱好进行选题策划，让读者真正成为阅读推广活动选题策划的参与者。通过观察、调查、访谈、座谈、设置建议箱、高校图书馆流通数据分析等方法，多方面了解读者的需求。调研的方式可以采用问卷调查、有奖问答、现场采访调查等方法；可以通过社交网站、微信、短信、高校图书馆主页发放调查问卷、电子邮件进行调研，获取调查数据；也可以充分利用高校图书馆的官方微博和高校图书馆馆员的个人微博与读者互动，听取读者的意见。在进行调查时，调研者要对大学生读者群进行细分，例如本科新生的座谈会，高年级本科生的调查表，硕士生、博士生的需求访谈。此外，特别要注意了解人文社会科学学生与理工科学生的需求差异。

（2）根据大学生阅读类型进行推介。

大学生阅读的类型可分为目的阅读型、从众阅读型、随意阅读型。目的阅读型读者有较明确的目的，他们根据需求选择图书，如阅读考试类书籍、英语学习书籍、论文写作书籍、小说等，这类读者往往有明确的书单，高校图书馆可根据这类读者需求补充馆藏，引导其阅读更多相关书籍。从众阅读型读者，大部分是别人读什么，他就读什么，对这类读者高校图书馆可重点进行荐读服务。随意阅读型读者数量较多，这类读者到高校图书馆往往没有明确的目标，在书架中看到适意的书就随意看，一般也不会深入地读某本书，对这类读者高校图书馆可以推荐书单进行阅读引导。

（3）选择恰当的阅读推广时机。

阅读推广的时机选择很重要。例如对刚进大学的学生推荐论文写作方面的书籍，效果不会好，只有适时适宜地开展荐读活动才会有比较好的效果。例如，每年9月份，大学新生到校，高校图书馆阅读推广的重点可以围绕这些新生进行，帮助新生更好地适应大学的学习和生活；每年11月份可以针对研究生进行开题或专业写作方面的书目推荐；5—6月份可以针对毕业生开展就业、创业方面的书目推荐活动或讲座。

（二）确定阅读推广活动的意向

高校图书馆阅读推广的总体目标是推广资源与服务，但一项具体活动的开展，需要有一个清晰的意向，这样策划才有方向。从近几年阅读推广活动的开展来看，可初步将活动意向归纳为以下几种：

（1）引导阅读。引导阅读主要是开展专题书目推广或书展活动。这些活动策划主要围绕大学生读者进行阅读推广，倡导健康的阅读风气，兼具知识性、思想性和趣味性。

（2）引导学术、思想、文化的交流和分享。第一，大型讲座。各类型文化讲座，促进文化传承和创新。第二，小型读书沙龙。欣赏艺文作品、分享阅读感悟、培养人文素养的阅读交流平台，强调交流分享。第三，真人阅读。以面对面的形式沟通，分享多样人生经历和感悟，励志成才。人即是书，书即是人，人书合一。

（3）阅读感悟和分享。第一，读书征文。强调以阅读感想和阅读思考为中心，写出自己不同的见解和真情实感，可读性强，对同龄人有启发。第二，书评大赛。可以是不同主题的书评大赛，或网上微书评活动，字数不限，强调感悟。

（4）提升资源的推广利用率。第一，针对电子资源推广可举行"学术搜索之星"挑战赛，或数据库有奖竞答等活动。第二，针对纸本资源可举行"找书达人——图书搜寻大赛"，或书山寻宝类活动，让新生通过游戏比赛的方式学习索书号知识，以更快速、更准确地找到所需图书。

（5）加强阅读资源的循环传递。图书互换会、图书漂流活动可让读者各取所需，让书籍流动到最有需求的人手上。

（6）加强阅读的示范效应。"借阅之星评奖""读书之星比赛"等活动可以身边的实例激发学生的阅读兴趣。

（三）确定阅读推广的选题

实践中，初步确定要开展某方面活动，如书展或读书征文，但面临"选题"时，往往又是一个难点，常常会为想不出一个好的主题而犯难。如果想使活动接地气，且具有学术性、时事性、知识性、趣味性，可参考以下方法：

（1）关注社会热点。目前大学生获取信息的途径很多，微博、微信以及各大主流媒体每天推送的新闻很多，高校图书馆如果将活动与热点有机结合起来，能瞬间抓住大学生的兴趣点。例如，在莫言获得诺贝尔文学奖后，高校图书馆推出诺贝尔文学奖获奖作品的推荐书目，能抓住大学生眼球。

（2）关注文化机构的热点。一些文化机构，如新闻社、出版社、学校、书店等的活动和网站是策划人员需要经常关注的。年度好书榜、文学奖获评图书等都可以作为活动选题，借此可策划一系列活动。

（3）结合节日或纪念日进行选题。节日或纪念日通常蕴含着历史文化内涵或跟某个重大历史事件相关。借助节日或纪念日，可开展活动，可亲近传统文化，夯实文化底蕴，提高人文素养。

（4）结合本校特色、重大活动和校友等选题。阅读推广活动还可以与本校特色、重大活动（如校庆、馆庆、纪念日）、校友等紧密结合，吸引更多学生关注。

（四）规划设计阅读推广的活动

（1）整体规划。高校图书馆的活动，根据高校本身的学期特点及学生利用图书馆的规律，基本可分为常规阅读推广活动、专题阅读活动，以及吸引人眼球的创意推广活动。高校图书馆根据自身特点，可开展不同层次的活动。

整体规划需明确的主要问题有：活动主旨、活动主题、活动时间跨度、活动组织方和合作方、活动主要内容、活动的进度、活动子项目的任务分工的落实、活动经费预算、活动预期效果、效果评估方法等。整体规划主要是从全局统筹阅读推广活动的内容和人力、财力、物力、技术、时间与空间等资源的分配。以上各项内容都要考虑周全，从必要性和可行性两方面进行决策。特别要注意在策划与实施间寻找平衡点，有些非常好的创意，囿于现实条件，往往难以实施，会导致半途而废。

（2）设计活动方案。在整体规划的统筹下，对于各个阅读推广子项目，还要设计具体的实施方案，实施方案一般由子项目负责人根据统一要求起草制定。实施方案解决的问题更加具体，包括要做什么，怎么做，以及事后的评估。要做什么，即确定活动主题，确定活动对象、活动内容、活动形式。怎么做，即确定活动管理方式、活动人力安排、时间安排、活动奖励方式、合作方式以及活动宣传方式（纸媒宣传及微博、微信、图书馆网站、合作网站等新媒体的宣传）。

第四节　高校图书馆阅读推广的发展策略

高校图书馆为读者提供的信息与知识服务的过程中，最具人文关怀的服务就是阅读推广活动，同时该活动在所有服务中也是最具活力的服务活动，高校图书馆通过阅读推广活动让读者参与阅读活动，积极主动地进行阅读活动，工作人员通过有组织的实施管理推动阅读活动的开展和深入。在活动的开展过程中，高校图书馆应该建立长效的工作机制，结合先进的、优秀的科学文化成果，通过利用馆藏资源推动阅读推广工作顺利开展和升级。

一、健全高校图书馆阅读推广的组织机构
（一）搭建校内管理机构

搭建健全的学校管理机制。首先要在高校内部成立阅读推广活动的委员会，该委员会从宏观的角度对活动进行组织与管理,建立监督活动开展的第三方机构,

形成成绩认证、效果评价以及经费管理的机制。其次高校图书馆内部成立开展阅读推广活动的部门，为加强阅读推广活动团队的建设，可以吸纳馆内其他专业的学科馆员，制定具体的活动方案指导院系与学生组织的阅读推广活动。还可以在院系和学生内部成立阅读推广分会，承办或者协助图书馆开展的推广活动，并在图书馆的指导下自主组织相关的阅读活动。以山东师范大学为例，该高校的学生社团就开展了一个"创新阅读推广——创意悦读"，该活动是在图书馆的指导下进行的，活动开展的理念是读者带动读者进行阅读，是对学校阅读推广活动开展的促进和补充。

（二）建立阅读推广联合组织

高校图书馆可以利用自身的资源联合高校外其他的组织机构联合开展阅读推广活动，如可以联合公共图书馆或书店等开展阅读推广活动，拓宽活动的范围和影响范围。以铜陵职业技术学院为例，铜陵市新图书馆落户于铜陵职业技术学院校园，学校图书馆创办了"三合一"图书服务中心，"三合一"指的是将本校图书馆、公共图书馆和新华书店相结合，为高校师生和市民提供借阅、展览、讲座、亲子互动等服务。这种服务方式打破了传统的阅读推广模式，为高校师生和市民提供了图书馆的借阅环境和氛围，吸引读者来到图书馆进行借阅书籍，增强了高校图书馆开展阅读推广活动的积极性。

二、完善高校图书馆阅读推广的规章制度

（一）制定阅读推广责任制

高校图书馆制定阅读推广制度，完善与健全阅读推广工作相关的各项规章制度以及工作职责，明确个人业绩考核的标准，把阅读推广工作同考核、职称评定联系起来。这样做既能够转变馆员的工作态度，提高工作积极性，还可以保证阅读推广活动的顺利进行。除此之外，图书馆可安排馆员具体负责组织开展阅读推广工作。如山东曲阜师范大学图书馆就有专门负责阅读推广活动的馆员，负责整个图书馆的阅读推广工作。同时，图书馆员还可以结合新媒体手段，通过微信、海报、论坛等方式，开展小型的阅读推广活动，在提升活动参与性与互动性的同时，增强活动的连续性。

（二）完善经费管理原则

阅读推广活动的活动效果如何，会受到经费的制约。因此，高校图书馆可以依据以下原则进行经费的管理：

第一，依法原则。高校图书馆要根据国家财务管理制度制订具体的管理及使用办法，严格按照法律规定内容执行。高校图书馆还可以通过其他合法的途径寻找活动经费的来源，例如，寻找资源供应商或者通过和社会相关部门或企业联合，给活动提供奖品赞助的方式进行。

第二，节约原则。开展活动的过程中，高校图书馆要合理地规划和使用活动经费，要遵循勤俭节约的原则。高校图书馆在宣传活动时可以利用新媒体手段代替传统的宣传形式。奖励时要注重精神奖励和物质奖励的比例，合理地分配经费。

第三，效益原则。阅读推广活动完成后要及时总结经验问题，再次举办时要对经费的比例进行科学的调配，适当增加效果好效益高的阅读推广活动的经费，对于效果不显著的活动需要适当地调整活动的方案，降低经费的比例。

第四，监督原则。做好阅读推广的监督工作，坚持公平、公正、公开的活动原则，活动过程和经费的使用要加强监督，对于管理者和参与者的合理化建议，高校图书馆都要及时了解，并根据实际情况调整经费的使用和活动的组织。

（三）构建成绩认证体系

高校图书馆应加强活动成绩认证工作，及时给学校和其他部门申请支持，调动师生对活动的关注度和参与积极性。

1. 活动成绩与课程学分挂钩

高校图书馆的阅读推广活动可以与教务处合作，共同联合举办活动，例如通过知识答题以及征文比赛等方式，给予活动者一定的奖励，为激发读者的积极性，适当与学分挂钩。目前国内高校阅读推广活动与学分挂钩的人才培养要求还相对较少。还可以通过高校图书馆和教务处或者二级学院联合开设公开课的方式，提高学生的文化素养和信息素养。

2. 活动成绩与学生发展挂钩

图书馆应加强与学生处的沟通合作，制定阅读推广活动的学生管理办法，参加义务协管员、送书下乡等公益性活动或组织阅读推广活动的学生在评优、评先时给予支持，合理使用并通过加盖学校公章的活动认证证书对学生给予奖励。

3. 完善成绩认证体系的评价工作机制

高校图书馆应当定期评估其推广和宣传工作，并确保成绩认证体系的评估结果能够成为未来项目规划的参考依据。相对于公共图书馆，高校图书馆阅读推广工作起步晚，规模较小，水平也较低。因此，高校图书馆阅读推广存在水平参差不齐和工作机制不完善的问题。在评价阅读推广活动时，要从高校图书馆和读者的角度出发。注意遵循以下原则：第一，客观原则，保证评价过程的客观与公平原则；第二，完备性原则，评价指标全面到位，能够评价活动中的每个环节；第三，数据分析原则，结合数据对阅读推广活动进行分析、归纳总结；第四，可操作性原则，应用的评价体系以及评价过程中的指标，要做到简明扼要，便于进行评价。

三、优化高校图书馆阅读推广策略

（一）活动主题的优化

阅读推广活动的主题需要遵循以下原则：

第一，创新的原则。活动主题要有创意且具有文化时代的特征，确定活动主题前要充分了解读者的需求，进而推进活动的进程。以吉林大学的图书馆为例，其创建了一个专用于阅读推广的平台——"白桦书声"校园朗读分享平台，学生在该平台内可进行自我展示，通过朗读使学生在活动中获得共鸣，平台内还可添加回忆青春的活动内容。

第二，"舍大求小"的原则。活动设计的主题要有针对性，即活动的主题与活动内容和活动目标相符合，并且活动主题的设计要做到短小精悍。例如，山东省高等学校图书情报委员会在庆祝建党 100 周年演讲比赛活动中要求，"从精选的书目里选取一本书中的某个章节的内容阅读后进行演讲"，更容易贴合活动主题。

第三，逆向思维原则。反向思考更容易激发人的兴趣，实现创新。例如"好书推荐"阅读推广活动，高校图书馆定期给读者推荐好书，阅读推广活动还可以由读者将好书推荐给高校图书馆或自己的朋友，实现阅读推广活动的相互推荐。以深圳职业技术学院为例，高校图书馆举办了一个"谁都没有看过的书"的展览，展览中的书籍在高校图书馆中从来都没有被借阅过，读者因为好奇会对这些书产生阅读的兴趣。

（二）活动内容的优化

高校图书馆在开展阅读推广活动时，设计的内容要符合读者的心理。高校图书馆的阅读推广活动开展前要提前研究，遵循事物发展的规律，避免举办重复性的活动。在对活动的内容制订方案时，需要依照以下原则：

第一，集成与创新相结合的原则。如果阅读推广活动收到较好的效果，则需要对该活动进行进一步推广，但在活动的形式上要注意创新，在保证活动连续性的同时也要保证效果。如果阅读推广活动没有取得较好的效果，需要对活动进行分析总结与反思，调整活动的形式或活动的内容，从而提升活动的效益。例如"知识竞答"改变形式，以电视娱乐节目的模式开展；"讲书"比赛可改为"说课"比赛，让学生感受教师工作的辛苦。

第二，深阅读与浅阅读相结合。现代社会学生的学习生活都是紧张快节奏的，为了适应学生的学习生活，需要根据学生的阅读需求与阅读层次开展深层次与浅层次阅读，为读者提供的服务要具有特色，满足读者个性化发展的需求。

第三，传统阅读与信息化阅读相结合。进行阅读推广活动时，既可以通过纸质书籍让学生阅读，也可以通过网络媒体进行阅读。现代社会是一个在全球范围内共享资源的时代，高校图书馆在开展阅读推广活动时就需要利用新媒体手段培养学生阅读媒体的能力，适应社会和时代发展的要求。

第四，专业性与趣味性相结合的原则。阅读推广活动的内容不仅要涉及专业知识的学习和内容，还要关注内容的趣味性，趣味性的阅读推广内容更容易吸引师生共同参与。例如，专业知识竞答活动、入馆教育等，都可以以游戏闯关的方式进行；开展的活动可以聘请资深的学者和教师作为形象代言人，吸引学生的注意力等。

四、开展高校图书馆个性化阅读推广

读者的阅读需求既是开展阅读推广活动的出发点，也是其落脚点，想要使活动具有良好的效果，就要做到了解读者的需求，根据需求对活动进行组织与设计。高校图书馆为开展个性化阅读推广，最有效的办法是应用分级阅读理念，利用新媒体计数或大数据分析等，使读者多样化的阅读需求得到满足。

（一）明确读者的阅读需求

高校图书馆首先要明确阅读推广对象的阅读需求，听取读者的建议和意见，结合他们的实际需求，有针对性地开展阅读推广工作。确定好阅读内容后，要根据学生的实际情况、阅读基础和习惯做相关的调研和研究，使阅读推广活动更具有价值和意义。

（二）利用大数据助推个性化阅读推广

利用大数据分析，能够为读者创造一个真实的阅读世界，在高校图书馆阅读推广活动中，大数据大致分为三类：第一类为业务数据，第二类为文献数据，第三类为用户数据。利用文献数据和用户数据为读者提供阅读情报，有助于推动读者个性化阅读推广活动的开展。

一方面，高校图书馆要加强与数据库营销商等机构的合作，分析读者借阅、咨询、数据库使用等大数据，掌握读者的阅读需求，开展个性阅读服务。例如，中山大学图书馆提取读者阅读属性，为每位读者量身定制精美的《借阅足迹卡》，受到读者的欢迎和分享。

另一方面，高校图书馆需加强与校内机构的合作，高校图书馆可以与学校教务处、学生处、二级学院等部门合作，通过合作了解学生的性别、年龄、爱好以及专业等，从而开展个性化的阅读推广活动，例如可以根据读者的基础和阅读爱好进行分层为基础的阅读推广活动。

大数据的应用除了对读者的个性化需求进行掌握，还能对阅读推广主体之间的关系进行加固，使阅读推广的效果得到提升，使阅读推广的评价说服力度得到提升等。例如，高校图书馆可以建设网络书籍关联推荐服务体系，当读者在体系上寻找某书籍时，可以获得书籍信息以及相关资料。通过网络借阅书籍，图书馆阅读推广负责人还可以把书籍相关信息通过电子屏或者其他媒体给读者展示出来，可以让读者全面了解书籍的内容。但由于大数据的应用会涉及到读者的信息内容，因此，高校图书馆要注意对读者的隐私进行保密，获得读者的支持与尊重的前提是读者对高校图书馆的信任。

（三）使用新媒体拓展个性化阅读推广

新媒体的发展方便了读者的阅读，但也影响读者的阅读效果。读者为了节省时间，往往会进行碎片化的阅读。高校图书馆可以把阅读活动和新媒体结合起来，通过网络推送给读者。高校图书馆可以通过线上进行宣传，比如在微信公众号发起投票，让读者参与活动。活动的开展与进展可以利用微博或微信等新媒体平台发布与跟进，增强活动的趣味性和互动性，可以利用公众号等方式向读者推送活动的消息，读者自主参加活动进行报名。

另外，高校图书馆还可以运用新媒体开展多元化的阅读活动，带领读者阅读经典。如武汉大学图书馆推出了《拯救小布之消失的经典》的在线游戏，游戏中的小精灵会把图书馆里的某些经名著或者作品的语句抽掉，侦探小布会带领学生找回它们，学生在游戏的过程中重温了经典。高校图书馆可以建立阅读推广活动的主页，在主页论坛中读者可以讨论与阅读相关的内容，增强活动的互动性。高校图书馆可以通过图书馆公众号、QQ群、论坛等方式给读者推送阅读信息，满足读者的阅读需求。高校图书馆还可以利用新媒体平台开展话题讨论或书评等活动，让读者在参与的过程中实现深层次阅读，为激励读者参加活动，可在活动中添加积分体系和奖励机制。新媒体的使用拓展了推广活动的渠道，推动阅读推广的个性化发展，也降低了阅读推广的费用。

新媒体发展日趋成熟，高校图书馆可以在阅读推广活动中利用新媒体，实现线上与线下活动的同步与协调发展，从而满足读者的阅读需求，实现个性化阅读推广。高校图书馆要学会运用新媒体，建立凸显自身特色的活动品牌。

虽然线上活动比较方便，但高校图书馆仍然需要重视线下的工作，提供信息共享空间一站式服务，并提升服务质量，实现线上与线下活动的同步。

第二章　高校图书馆阅读推广活动的创新研究

　　图书馆在高校承担着文化建设的重要功能，是学生获取知识、开阔眼界、丰富课余生活的重要媒介。高校图书馆通过阅读推广活动，可以给学生提供科学的阅读方法，提升学生的阅读兴趣和能力，提高学生的综合素质，促进其全面发展。本章围绕高校图书馆阅读推广多样化与品牌建设、高校图书馆阅读推广机制构建与优化、高校图书馆与其他机构合作阅读推广以及高校图书馆有声读物阅读推广策略展开研究。

第一节　高校图书馆阅读推广多样化与品牌建设

一、高校图书馆阅读推广的多样化发展

（一）高校图书馆阅读推广主体形式多元化

　　近些年来高校图书馆阅读推广活动涌现出了一系列优秀的案例，它们不仅形式上吸引眼球，而且活动内容特色也十分鲜明，符合当下大学生的关注热点，对所推荐读物也是精挑细选。比如，"真人图书馆"优秀读物排行榜、精品书展、名著知识竞赛游戏、微拍视频推荐、主页个人书斋、主题书友会、优秀图书馆原创出版刊物、地区特色文化读物推荐会、推荐读物相关影视作品展、自主话剧改编演出等一系列延伸活动，让学生们了解更多与阅读相关的文化知识，从接受阅读到习惯阅读再到爱上阅读。

（二）高校图书馆阅读推广宣传渠道多元化

　　传统的展板、传单、海报、横幅等宣传模式具有一定的局限性，同时也不环

保。随着互联网的普及以及移动终端设备的不断进步，利用新媒体进行宣传已经成为发展的必然趋势。高校图书馆拥有自己的主页、官方微博，这些都是阅读推广活动的宣传平台，同时不少高校图书馆也开始开发自己的手机 App，建设移动图书馆业务，并利用微信、QQ 等一系列社交软件对活动的主题、内容、特色、形式加以介绍说明，并嵌入微拍、视频、动画、图片、游戏、音乐等信息向读者推送，迎合当下年轻人的喜好，使得宣传内容更加生动出彩。

阅读推广活动宣传渠道的多元化，不仅搭建了高校图书馆与读者之间沟通的桥梁，使得高校图书馆与读者可以随时随地地零距离接触，而且也为高校图书馆创造了主动走出去为读者服务的便捷通道。如何充分发挥互联网和新媒体的宣传作用，将它们与阅读推广活动有机地结合起来，是高校图书馆工作者需要学习并加以实践的。

（三）高校图书馆阅读推广活动组织者的多元化

高校图书馆有大有小，通常是不论大小，都具有流通、阅览、采访编目以及读者或学科服务等部门。流通、阅览是读者服务的第一线，其工作人员熟知馆藏，最适合结合各类节假日、各类活动向读者推荐图书。一些高校图书馆的阅览部门工作人员会定期编写图书介绍，张贴在显眼位置，方便学生浏览；或者推出推荐书架，适时向学生推荐好书。学科服务部门通常针对的是研究型用户，像用户荐购通常由学科服务馆员联系相关学科的教授、副教授以及博士生来开展。一些没有设学科服务部的图书馆通常设有咨询部，其主要工作是有针对性地解答各类读者的问题。采访部虽然不直接接触读者，但是该部为各部门开展相关业务提供了文献保障，结合各类活动适时购进相关图书是各部门活动成功的基础。一些稍大型的活动通常需要多个部门的配合，或者需要同馆外的单位或团体合作，比如武汉市政府倡议的共建"读书之城"活动就需要多方的参与，武汉大学图书馆积极支持，并与武昌区政府协议共建"全民阅读示范基地"。高校图书馆与学生社团合作则既能吸引学生参与，又能适当减轻馆员的工作量，能做到双赢或多赢。

（四）高校图书馆阅读推广品牌价值多元化

阅读推广活动的可操作性和可持续性是它能否开展和取得良好效果的关键，因此，高校图书馆越来越关注每次阅读推广活动的连贯性和延续性，只有当一个活动定期开展，而且每个活动主题又具有相关性且日积月累、年复一年时，活动的影响力才能逐渐深远，人气才能积少成多。阅读推广活动不应盲目追求数量，应注重每个活动的质量，做出精品并予以传承，形成一种阅读文化、阅读品牌。

当高校图书馆把阅读推广活动做成一个品牌后，其活动自身的形象价值就会为其带来人气，品牌魅力和效应将会让阅读推广事半功倍。如清华大学图书馆"读有故事的人，阅会行走的书"和上海交通大学图书馆"鲜悦"等品牌主题活动，上海财经大学图书馆创办的《读者之友》以及西南政法大学图书馆创办的《法府书香》、"悦读"系列刊物等，依托这些品牌在校园中的口碑和影响力，高校图书馆的阅读推广活动正在稳步前行。

在高校图书馆阅读推广活动中不断形成的多元化的阅读推广品牌，不但可以凸显活动自身的价值，更是高校图书馆价值的体现，同时也是所在高校的一张名片。

二、高校图书馆阅读推广品牌建设

（一）创意活动的组织

一个优秀的品牌通常依赖于一定程度的创意。像"真人图书馆"这个品牌之所以能够在世界各国图书馆界流行起来，很大程度上在于其创意。但要说明的是，今天各高校图书馆虽然多在开展这一活动，但毕竟其创意不属自己。一些好的创意固然可以借鉴改造，但各高校图书馆要想真正拥有自己标志的品牌，必须结合自身的情形寻求创意。例如华中农业大学图书馆的"环境日百人读书接力"就是一项相当有创意的活动。该活动结合 6 月 5 日世界环境日以百人接力读环保经典的形式来开展，通过 1 本经典、2 个空间、3 位嘉宾、4 组团队、8 家媒体、100人接力阅读产生了非常好的影响。

（二）品牌定位

有了创意，如何定位非常关键。对于阅读推广品牌来说，定位就是品牌创建者希望品牌在预期读者大脑中扎根的程度。一个优秀的品牌就是让品牌接受者一旦接触就不再忘记。例如，武汉大学图书馆的"文华讲坛"与《文华思潮》目的性很强，希望通过一个讲坛的开办和一份刊物的发行使武汉大学的阅读氛围得以有效提升，塑造一种新型的校园文化。其内含的理念和期望在于：阅读改变文化，阅读改变自我。

（三）舍得投入

好的创意在定位之后要舍得投入才能使之成为品牌。投入包括时间与精力的投入，以及经费的投入。这就意味着需要投入一定的人力、物力和财力，即要准备一笔费用，让专门的人做专门的事。一些由政府或组织倡导的活动可以有充分的经费支撑，但很多高校图书馆往往因为人力财力的不足而导致一些创意不能开展，或不能持续。一些有条件的高校图书馆可以聘请名家举办公益讲座，这类讲座对吸引学生对图书馆的关注和培养学生综合素质极有帮助。也可印行一些出版物，尤其是阅读指导类出版物。讲座和出版物要办得有影响离不开经费方面的投入，更与是否有得力的人来开展密切相关。

（四）持续努力

一个好的创意只能说成功了一半，要使之成为品牌还需要持续努力。例如，武汉大学图书馆的卡通形象"小布"可算是一个具有一定特色的创意品牌。这是一个虚拟的形象代言人，其英文名为"Ibooke"，包括纸质文献和电子资源。小布是一个虚拟咨询员，存在于微博、QQ 和邮箱等中。武大的读者外事问百度，内事问小布。小布有多款造型，以适应不同场合，其形象一经推出就深受学生喜爱。在此基础上，武大图书馆又进一步开发了"拯救小布"游戏，以通关的方式让新生了解图书馆资源、空间及服务。通关的学生可自动开通 ID 在图书馆的借阅权限。图书馆还围绕小布开发了另一款游戏："消失的经典"。这款游戏围绕经典做文章，其通关题即面向学生征集，学生通过通关游戏可以熟悉经典。这是围绕一个主题而开拓深化的持续。

（五）适当的宣传

创意要成为品牌，品牌要著名，适当的宣传是必要的。要开展宣传，就必须有宣传点。一个活动要让别人记住，必须要有值得别人记住的内容。有了这些值得记住的内容，有了宣传点，也就值得宣传，宣传也就会有成效。宣传包括自我宣传和利用媒体宣传，可以在事前进行策划，在事中与事后适时跟进。

第二节　高校图书馆阅读推广机制的构建与优化

一、高校图书馆阅读推广机制的构建

（一）决策保障机制的构建

高校图书馆阅读推广机制建立就是以计划的、行政的手段将各部分统一起来，做到完善规章制度的制定，确立经费的使用来源，组织间的协调共进，内部人员的合理调配，推广人才的培养与选拔，阅读推广目标任务的确立等。决策保障机制的构建在高校图书馆阅读推广机制建设中有重要意义，正确的、科学的决策是一切活动的开始，有着方向的导向作用和过程的指引作用。在实际阅读推广活动中，要做到统筹安排，合理规划，以科学理论和先进理念指导全校阅读推广工作的持续开展，不断提高阅读推广服务在高校图书馆业务工作中的地位和独立性。顺应时代、社会可持续发展的要求，克服当前国内开展阅读推广过程中存在的路径依赖，勇于创新，寻求高校阅读推广新的突破和变革。

（二）沟通互动机制的构建

沟通主要指的是信息传送与接受的行为，发送者凭借一定的渠道，把信息传递给接受者，以寻求反馈并达到相互理解的过程。沟通是阅读推广服务中重要的组成部分，高校图书馆建立沟通互动机制旨在了解读者的阅读需求，掌握读者的阅读特点和阅读心理，寻求读者的反馈意见，及时掌握阅读推广活动组织策划中存在的问题与不足，调整工作方案，提高服务的质量和效果，变被动为主动，消除信息不对称现象。

（三）联合协作机制的构建

阅读推广联合协作机制旨在整合、盘活院校的馆藏、人才、技术，上下联动，合作开展阅读推广活动，扩大活动的受众范围，让更多的人参与到阅读推广活动中来，使阅读推广活动的开展取得最好效果。

目前高校图书馆阅读推广联盟主要有校内联盟和区域联盟，校内联盟包括与学校团委、宣传部、教务处、学生社团等的联盟。区域联盟是以地域为中心建立的高校图书馆联合协作组织，目的是促进地区图书馆事业的发展，信息资源的联合共建共享及地区间高校图书馆的合作交流。高校图书馆阅读推广活动要取得最佳效果，既需要依靠校内的联盟，又需要依靠区域的联盟。

（四）绩效评估机制的构建

构建绩效评估机制，首先能够考核阅读推广主体的工作绩效，激发推广人员的积极性，提高服务质量。其次通过行为性指标体系的衡量，对活动效果进行有效的评价和追踪，根据效果指标的反馈情况改进下次活动的方案。阅读推广绩效机制的建立是高校阅读推广活动逐渐走向成熟与完善的重要标志，应当运用科学的方法、标准及程序，对行为主体的和评定任务有关的绩效信息（成就、业绩和实际作为等）进行收集、观察、组织、提取、整合，并尽可能做出标准评价。

二、高校图书馆阅读推广机制的优化措施

（一）优化决策保障机制：设立阅读推广主体机构

第一，成立阅读推广委员会。要优化高校图书馆阅读推广机制，首先要设立高校图书馆阅读推广委员会，并由图书馆馆长直接领导，指派专业馆员负责管理策划，邀请学院知名学者负责指导，联系各院系热爱阅读的学生社团协助开展活动。阅读推广委员会应着眼于院校的人才培养目标，根据大学生阅读的现状，统筹安排，整体规划。制订相应的目标、任务，合理利用各种资源，最大限度发挥人的主观能动作用，定期开展活动，使阅读推广活动的开展常态化、系统化和规范化。

第二，健全阅读推广工作的各项制度。逐步优化读者反馈制度、推广阅读制度、绩效评价制度、经费使用制度、联合协作制度等，保障阅读推广各项工作有据可依，稳步推进。

第三，注重阅读推广人才的培养与选拔。阅读推广人才是决定阅读推广效果的关键因素，阅读推广委员会应定期选送阅读推广工作人员参加相关的培训学习，外出观摩交流，开阔视野，积累经验，提高其专业能力，并注重培养的长期性和连续性，选拔出本校的阅读推广学专家和专业人才，为高校图书馆阅读推广活动打下坚实基础。

（二）优化沟通机制：搭建新型互动平台

第一，提供良好的沟通环境。高校图书馆员和读者的交往是非对称性的，他们之间存在着一定的心理距离，沟通容易出现障碍。因此，高校图书馆应营造良好的沟通环境，采取多种沟通方式，消除双方沟通障碍。在双方交流过程中，馆员应尊重读者、关爱读者，用读者可接受的语言、语气与之交谈，拉近与读者的心理距离，让读者表达出内心意愿，达到平等交流、沟通的目的。

第二，构建新型沟通平台。利用数字网络技术建立新型沟通平台，丰富沟通方式。高校图书馆在沟通方式方面，既要发挥传统组织读者座谈、讨论等优势，又要充分利用 QQ、邮箱、微信等现代化的信息技术，提高沟通效果，保障读者与馆员间的沟通自由。在沟通渠道方面，部门之间要优化交流制度，制订互动计划，采取传统与现代相结合的办法，建立起分级、分层次的沟通渠道，重视馆员的参与性，将沟通方式与沟通渠道有机结合，提高沟通的效率。

第三，加大沟通力度。高校图书馆要利用新型沟通平台，采取上下级间的纵

向沟通、平级的横向沟通与相互的双向沟通等形式，加大沟通力度，提高沟通水平。双向交流，使信息在上下级及部室成员间及时、准确、有效地传递与共享，信息畅通无阻，最终实现相互理解与相互促进的目的。

（三）优化联盟协作机制：注重内外部协同

阅读推广活动是一项集人才、资源、技术于一体的文化宣传活动，与高校图书馆外借阅览等传统服务相比，是一种服务受益读者相对较少，服务成本相对较高的服务，仅靠一馆一校的力量是难以达成这一目标的。高校图书馆应寻求多方合作，做好内外部协同推广。

第一，做好校内各部门协作，如高校图书馆各职能部门、校团委、教务处、学生团体等。做到多方参与，分工明确，相互配合，使活动的策划更具创意。

第二，做好与书商、数据库商的合作，及时掌握图书界、数据库方面的变化，并做好读者的信息检索培训。

第三，做好与区域高校图书馆的联盟。成立联合阅读推广专项小组，长期负责区域间的阅读推广活动，并制定适宜的规划、联盟协议、程序等，推动阅读推广活动的组织、策划与实施，促进高校图书馆阅读推广工作的深入开展。

（四）优化绩效评估机制：不断探索创新

绩效评估是阅读推广工作中不可缺少的一个环节，目前高校图书馆阅读推广活动存在重形式、轻成效的现象，这对阅读推广活动的深入开展会产生不良影响。我国对于阅读推广工作成效的全面评估至今仍没有科学的评估体系，需要不断探索，逐步建立针对高校图书馆阅读推广活动的评估指标和评价机制。

因此，高校图书馆首先要根据本地区的实际情况，客观、公正、合理地制定出适宜大学生阅读推广活动的各项评估指标，并在实践中不断探索完善，用以引导阅读推广活动的深入开展。

其次，在评价主体的选择上应本着全面、科学的原则，采取三级制的评价体系：一是建立院级活动的自评组织，对每次开展的阅读推广活动制定评估指标，活动结束后，组织各部门人员对照相应的评估指标作出评价，找出存在的问题与不足。二是建立以读者为中心的评价组织，采取问卷调查、座谈、走访等形式，从读者参与人数、读者满意度等方面做出评价。三是建立区域联盟的评价体系，以观察访谈、专家点评、评估测验等方式评估结果，并汇总进行综合分析，得出结论，总结出活动的经验和改进的办法，为今后活动的开展提供科学的决策参考。

第三节　高校图书馆与其他机构合作阅读推广

阅读推广主体即活动的发起者、组织者、实施者和管理者，不仅包括国际组织、各国（地区）政府、图书馆界、出版机构、教育机构、医疗机构、非营利组织、大众媒体，还包括一切热衷于阅读分享的组织或个人。不同的主体在推广阅读中充当的角色和承担的任务不同，随着工作的不断深入和发展需要，主体发展的趋势呈现出多元化、角色层次化和合作化等特点。可以说，主体是阅读推广系统中的核心要素，是事业成功与否的关键。高校图书馆既是高等学校的重要组成部分，也是图书馆系统和公共文化服务体系中的重要组成部分，有责任和义务通过自身努力，或独立自主或联合其他主体开展阅读推广活动，促进校内外读者阅读，满足全体社会大众文化服务和阅读需求。

一、高校图书馆阅读推广的相关机构组织

根据国内外阅读推广活动经验和工作发展趋势，高校图书馆要想转型升级阅读推广，不仅要充分发挥自身优势，还要积极联合其他相关主体，共同完成活动的选题、策划、组织、运行、管理等各个环节，以便实现活动的目标和宗旨。例如，上海交通大学图书馆著名的"鲜悦"主题阅读推广案例就联合了多家单位和部门一同协作完成，具体包括校内的各学生社团、各院系、宣传部、团委、心理咨询室和校外的兄弟院校、上海市文史研究馆、闵行区文化广播电视管理局和图书馆、文化传播公司、书商和书店等。

根据利益相关者理论，高校图书馆阅读推广相关主体从职能和特点大致可以分为校内5个和校外7个，共12个组织机构，具体如下：

（一）校内相关机构

1. 学工部

高校学工部是学生工作部的简称，有时也称之为学生处，一般主要负责高校的招生和学生的就业、教育管理、资助、军训、国防教育、社区管理和心理健康教育工作。学工部一般下设大学生自律委员会等学生组织来协助开展相关工作，

具体工作包括：公寓管理、勤工助学、学风建设（学业促进）、心理帮扶、文艺宣传（文化宣传）等。

学工处工作的主要职责和目标是学生的健康发展和顺利成才，开展的新生入学教育、学生道德素养教育、学生心理健康教育、学生精神文明建设、学生评价奖励工作、大学生就业创业和毕业生文明离校教育等工作均与高校图书馆阅读推广工作有着紧密的联系。

学工部响应国家倡导的提升学生综合素质的政策，高校图书馆开展阅读推广活动促进学生读者阅读素养和综合素质的目标，两者相辅相成有着天然的一致性。

另外，学工部不仅具有丰富的学生工作经验，而且拥有充足的学生资源和学生日常学习生活信息资源，是高校图书馆阅读推广工作强有力的支持者。例如，石家庄学院图书馆借鉴学工部大学生自律委员会管理模式，在学校学生管理组织等部门的支持下，建立起基于读者协会的"自管理自推广"的阅读推广模式，该模式推广活动更有针对性更能引起读者的兴趣，更能提升广大读者的阅读热情。高校图书馆如果能顺利有效地利用学工部资源，将会更加有效地开展阅读推广活动前期的调研、中期的组织、后期的评价等工作。

2. 团委及学生社团

团委是中国共产主义青年团委员会的简称，是中国共青团的组织之一。高校团委的基本工作任务，包括发挥青年组织的作用，团结和带领全校青年学生积极学习中国特色社会主义理论体系和党的方针政策，努力拓展他们的综合素质，使他们成为有理想、有道德、有文化、有纪律的社会主义现代化建设的合格人才。高校团委日常开展的工作，包括团员的思想政治教育、组织开展科技、文化、艺体、社会实践与志愿服务等大学生素质拓展活动和负责组织指导学生会和学生社团等工作。可以看出，高校团委工作的中心任务是通过组织学生团体，开展各种活动，提升学生的综合素质，培养社会主义的接班人。高校团委的工作与高校图书馆阅读推广部分内容如读书会、主题讲座、社会化阅读推广等具体内容也有着较多的交叉性，且双方工作的目标宗旨也有着高度的一致性。

另外，团委培养的优秀学生及学生团体可以充当或组织志愿者参与高校图书馆阅读推广活动，他们既是阅读推广活动的受众客体，也是不可或缺的活动主体。例如，中国科技大学图书馆阅读推广活动——"英才书院"，就是完全由学生团体自主举办开展的阅读推广主题沙龙活动；又如，山东师范大学图书馆在学校团委的大力支持下，借助志愿者对阅读的兴趣，发挥他们的主力军作用，在图书馆的指导下，志愿者自发地组织活动，以读者带动读者、以读者感染读者、以读者指导读者，依托创意性的活动吸引身边的人加入到阅读推广中来，让越来越多的读者"走近图书馆"，实现"书香满校园"。

3. 教务处

高校教务处有的也称为教务部，是学校的教学管理机构。教务处的主要职责是学科与专业建设、日常教学管理、教学资源建设、教学科研建设、实验实习实训管理、教育教学改革与研究等，主要工作任务和目标是支持教师教学活动，提升课堂教学水平，提高人才培养质量。高校图书馆是学校重要的教学辅助部门，双方之间一直存在着密切联系、精诚合作的关系。如教务处需要通过举办主题讲座，建设数字教学资源和平台来提升教师的信息化教学能力和水平，而高校图书馆常常通过举办学术讲座、信息素养教育、读书会等活动协助教务处完成相关工作。

此外，高校图书馆在教学资源建设、学科化服务、学生信息和文化素养教育和各类竞赛活动中与教务处之间也有着长期合作的关系和共同的目标，如清华大学图书馆的"学在清华·真人图书馆"活动作为学校的文化品牌，2013 年 9 月图书馆与学校教学管理部门合作，将其纳入清华大学《文化素质教育》课程，成为清华大学本科教育的有机组成部分。同时，高校图书馆阅读推广也需要教务处通过组织校内外教师、联系出版发行机构和提供必要的场地设施等措施来协助活动的有效实施。

4. 宣传部

高校宣传部是推进校园文明创建，营造校园文化氛围的主要实施者。高校图书馆可以利用自身充足的资源、空间协助宣传部组织开展文化讲堂讲座、文明事迹宣传、开展文明单位评选等工作，宣传部也可以发挥专业的宣传人员和丰富宣传资源与经验支持高校图书馆阅读推广的宣传报道和营销工作。

随着校园文化建设的重要性越来越显著，高校图书馆阅读推广的宣传工作越来越重要，二者各自发挥独特优势合作开展校园阅读推广活动已是大势所趋，如上海交通大学图书馆联合宣传部等部门开展"鲜悦"主题阅读推广活动，河北大学图书馆联合宣传等部门开展阅读书香校园建设活动等，其中宣传部在策划、宣传和报道等环节中发挥了重要的作用。另外，高校图书馆阅读推广活动内容不断丰富，范围不断拓展，影响力不断提升，活动本身已然是宣传部的重点工作对象之一。

5. 二级院系

二级院系是指普通高等学校的二级教学单位，是负责师生教育和管理的具体实施部门。二级院系在日常教学管理过程中，需要教辅单位高校图书馆开展学术讲座、信息素养教育、学科化服务等阅读推广工作以协助其完成教学工作任务和目标。高校图书馆在开展阅读推广活动中，也需要二级院系发动组织教师资源和学生资源作为活动的学科馆员、志愿者、服务者、讲座主讲人等人力资源支持与补充，特别是高校图书馆开展社会化阅读推广活动，二级院系的师生资源更是活动必不可少的合作伙伴。

另外，部分高校图书馆还在学校各二级院系内开设分馆，分馆的任务就是直接服务相关院系，高校图书馆总馆或分馆经常与二级院系联合组织开展阅读推广活动，双方分工明确，各尽其责，充分发挥各自的优势，有利于实现活动从校园读者末端直接开展，有利于满足师生读者日常化、个性化的阅读需求。

（二）校外相关组织

1. 其他图书馆

图书馆是搜集、整理、收藏图书等各种载体文献资源，为读者提供阅览、参考的机构。公共图书馆、高校图书馆、专业图书馆、机关事业单位图书馆、民营图书馆和私人图书馆等各种类型的图书馆，都是保存人类文化遗产，开发信息资源，实施全民社会教育的重要场所，都有提供阅读推广服务，丰富大众文化生活和提升社会文明程度的责任和义务。

在全民阅读推广事业中，其他类型的图书馆与高校图书馆有着统一的目标和宗旨，而且具有各自独特的资源和优势，例如公共图书馆具有丰富的阅读推广经验和大量的社会读者群体，专业图书馆拥有大量的专业性资源，机关事业单位图书馆掌握着准确的读者资源需求信息，民营图书馆和私人图书馆有着特殊的读者群体和灵活多变的、积极有效的阅读推广活动经验等。

因此，高校图书馆在开展面向不同类型读者的阅读推广活动中，既要广泛联合其他类型的图书馆开展具有普遍意义活动，又要有针对性地选择不同类型的图书馆联合开展特色鲜明、针对性强的活动。

2. 政府部门

推进全民阅读构建书香社会是一项系统而又复杂的文化工程，所以对于此项事业，各级政府及相关主管部门一直以来都在大力提倡并付出了大量的行之有效的努力。各级文化部门、教育部门和广电新闻部门等机构除了为高校图书馆阅读推广工作提供必要的政策支持、资源援助和宣传报道外，还经常联合邀请图书馆界、企业行业协会、企事业单位和社区等一起开展区域性的影响深远的阅读推广活动，如近年来全国各省市举办的读书节系列活动。政府部门作为阅读推广主体的优势在于其广泛的影响力和巨大的号召力，同时，因为其拥有雄厚的资源优势，可以组织实施声势浩大、受众范围大、影响力深远的阅读推广活动，但是由于其职能和职责，不可能长期开展活动。所以高校图书馆应该借助其活动平台，充分发挥自身组织活动的专业优势，积极协助其组织活动，并以活动为契机，进一步争取政府部门的支持，以便长期开展阅读推广活动。

3. 出版发行机构

出版发行机构，是指进行图书、图画、杂志，报纸和电子物品等有版权物品的出版和发行活动的组织和企业，主要包括出版社、期刊报纸杂志社、图书公司、书店等。作为我国全民阅读推广主体之一，他们的工作中心就是出版图书以及推广与图书紧密联系的阅读。为了促进图书的销售，他们热衷于开展阅读推广活动，热衷于与高校图书馆合作，开展书展、图书漂流和信息素养教育等活动，也乐于开展"你买书、我买单"等特色活动。拥有丰富的图书信息资源，是他们开展活动的重要优势，同时由于其组织的营利性，活动开展的形式也非常灵活和实用，活动效果显著和直接。

高校图书馆拥有大量的热爱阅读的师生读者，需要大量的资源满足读者需求，与出版发行机构合作开展阅读推广活动，是一举两得的理想模式。在联合开展活动过程中，要紧跟高校图书馆阅读推广的活动宗旨，在坚持以促进阅读为原则的基础上，可以适当考虑图书的销售工作，但要坚决避免将阅读推广活动举办成图书销售活动，诱导学校或读者购置实际价值不高的资源或大量购置重复的资源。

4. 大众媒体

大众媒体，是在信息传播过程中处于职业传播者和大众之间的媒介体，不仅包括报纸、广播、电视等传统媒体，也包括随着互联网兴起的网络媒体、手机媒体、数字电视等新媒体。如今随着新媒体的兴起和发达，与以往相比大众媒体传播信息的速度将变得更快、范围将变得更广、影响力将变得更大。大众媒体以其专业的包装宣传技术和内容时尚形式多样的宣传方式，一直以来都是阅读推广的重要宣传者。

伴随高校图书馆阅读推广的活动范围不断向校外延伸，活动宣传工作的重视程度和难度不断提升，高校图书馆在开展活动过程中，需要借助大众媒体进行宣传造势，提高活动参与度，扩大活动影响力。需要注意的是由于大众媒体缺乏必要的阅读推广专业知识，同时其信息传播具有的快捷、简单、方便等特点，使大众媒体在开展阅读推广过程中容易引导读者阅读偏向"浅阅读"和"快餐文化"。高校图书馆不仅要充分利用大众媒体特别是新媒体在阅读推广中的优势，而且要注重开展"深阅读"与"浅阅读"结合、读书与读媒结合、线上阅读和线下阅读结合等模式的阅读推广活动。

5. 中国图书馆学会

中国图书馆学会及其二级机构阅读推广委员会是我国整合动员图书馆系统内外力量，致力于阅读推广和研究的专业非营利性组织，通过加强阅读文化和阅读推广理念的研究，以不断创新推进全国图书馆和各界阅读活动为工作目标。阅读推广委员会下设秘书处和15个专业委员会，为促进高校图书馆开展大学生阅读推广工作，专设大学生阅读委员会。大学生阅读委员会先后挂靠郑州大学图书馆和武汉大学图书馆，旨在提高大学生阅读文献数量，提升大学生文化素养和信息素养，通过对大学生群体的阅读行为方式的持续、深入研究，制定有效提升大学生阅读兴趣的阅读推广计划，开展丰富多彩的阅读推广活动，引导大学生回归阅读，热爱阅读，享受阅读。

中国图书馆学员及阅读推广委员会常年支持和指导全国各地高校图书馆开展阅读推广活动，并先后直接与多家高校图书馆联合开展了一系列阅读推广活动。委员会拥有先进的工作理念和研究成果以及丰富的工作经验，为高校图书馆阅读推广工作提供学习交流的平台，高校图书馆应该坚持落实委员会的各项规章制度和文件政策，积极参与委员会的各项活动。

6. 阅读推广联盟

阅读推广联盟，是阅读推广主体为了有效开展阅读推广，专门成立的研究、开展阅读推广活动的组织。根据组成成员的性质不同，一般分为同质异级性联盟，如国家图书馆、省级图书馆、市级图书馆、县级图书馆等；同质同级性联盟，如公共图书馆、高校图书馆、专业（科研）图书馆、儿童图书馆等；异质同级性联盟，如高校图书馆、艺术文博群文机构、媒体出版发行机构、行业协会、公益组织等；异质异级性联盟，如国际组织、国家图书馆学会、高校图书馆、政府、书店、中小学、企业、社区图书室、农家书屋、民间阅读组织、个人等。

阅读推广联盟，不仅可以使成员之间互通有无、共享资源，而且可以扩大活动内容和范围，满足各类读者的阅读需求和多层次信息服务，营造全民阅读的社会氛围。高校图书馆参与建设阅读推广联盟，不仅能促进自身和其他阅读推广主体的建设，也是发挥全民阅读推广主体地位和功能的重要途径。

7. 民间公益阅读促进机构

民间公益阅读促进机构，是指那些不以营利为目的，进行阅读推广的社会机构，如热心和积极推动阅读的非政府组织（NGO）、民间图书馆和书店、民间读书会和沙龙、民间的基金会、专业阅读推广人、志愿者等。国外民间阅读促进机构在全民阅读推广体系中的主体作用非常显著，较为著名的有美国国家人文艺术基金会、德国促进阅读基金会、加拿大儿童图书中心等。如今，我国也陆续诞生了有一定影响力的组织机构，如南方分级阅读研究中心、上海市振兴中华读书指导委员会和福建阅读协会等非政府组织；幸福乡村图书馆和培荣书屋等民间图书馆和书店；北京三昧书屋读书会等民间读书会；阿甲等专业阅读推广人；爱心传递慈善基金会（PLCF）等民间阅读促进基金会。

民间阅读促进机构通过开展阅读推广活动，在儿童教育、扫描识字、促进社会公平、维护社会和谐等方面做出了巨大的贡献。高校图书馆可以借鉴他们的活动经验，独立或联合开展校内校外阅读推广活动，有利于进一步丰富活动内容、创新活动形式以及促进活动的转型和拓展。

二、高校图书馆与相关机构合作阅读推广
（一）高校图书馆与校内机构合作阅读推广

国内高校图书馆与校内其他部门有着长期合作的经验，在阅读推广活动中开展了大量富有成效的合作。具体合作开展阅读推广活动主要有以下四种模式：

第一种是高校图书馆主导，其他部门协助开展阅读推广活动。该模式简单易操作，但合作形式较为松散，如果处理不当，容易导致阅读推广成为图书馆独自开展的活动。目前国内高校采取第一种模式开展阅读推广的情况占绝大多数，在联合校内其他相关部门开展活动过程中，不仅可以得到其他部门的直接支持，而且可以增强活动的影响力和认可度。例如，中南民族大学联合学校教务处、学生处、团委等部门，组织实施"创新学分"活动。通过此项活动鼓励大学生参加图书馆阅读推广活动和阅读，大学生参加活动后经学校创新学分专家评审委员会评审认定后获得学分。再如，河北大学图书馆通过联合学校团委、学生处、宣传部、教务处、工商学院、创新创业指导中心、保定市文广新局、新华书店等部门单位，

构建校内协同育人新平台，促进阅读书香校园建设活动。活动期间图书馆与其他相关部门，联合举办阅读主题讲座、书目推荐、阅读指导、评比、交流等活动，极大促进了图书馆的利用率和读者的阅读率，学校图书馆也被评为 2017 年保定市"十佳全民阅读基地"。

第二种是高校成立阅读推广领导机构，高校图书馆和其他部门处于同等地位，分工协助共同推进阅读推广工作。该模式需要学校领导高度重视，在学校整体规划中突出阅读推广工作，需要成立较为牢固的活动组织领导机构，并制定相关规章制度，构建活动长效机制。例如，贵州师范大学图书馆与学校教育科学学院合作，长期为参加"国培计划"的各地幼儿园院长、幼儿园骨干教师、中小学骨干教师提供学前教育师资培训，工作取得了很好的效果。

第三种是高校图书馆主导，并利用图书馆资源成立相对独立的专门部门，同时由学校其他部门协助支持开始阅读推广活动。该模式组织难度最大，对图书馆要求最高，如果能顺利有效地实施，将产生显著的活动效益，极大提升图书馆及学校的知名度和读者信息需求的满足度。例如，2009 年宁波大学图书馆向学校申请，经工商部门注册批准，成立了宁波大学科技信息事务所，常设机构挂靠在图书馆，同图书馆一套人马，两个牌子。机构成立之后，图书馆与学校院系联合推广信息服务，改变传统信息服务的内容和方式，依托浙江省科技平台和宁波市数字图书馆平台，集中资源与技术优势扩大信息共建共享范围，承建了宁波数字图书馆第一批建设项目（宁波物流特色数据库）和宁波市数字图书馆第二批建设项目（宁波文教用品特色数据库）。

第四种是高校图书馆积极支持相关部门和学生社团等组织，开展阅读推广活动。该模式在国内高校内较为普遍存在，活动的关键在于高校图书馆的引导作用，并通过自身的资源、设施、空间和专业优势给予相关部门和组织大力的支持。高校内拥有大量思想活跃、热衷组织开展文体活动的学生和组织。他们不仅是高校图书馆阅读推广的客体，也是活动的主体。很多高校图书馆为了弥补人力资源的不足，经常会组织或支持学生社团等组织，为他们提供活动平台，让他们发挥自己的聪明才智，发起各种阅读推广活动。例如：潍坊学院图书馆通过成立大学生阅读自助组织，组织学生采访学校学者、专家、教授和杰出校友，邀请他们推荐"影响我人生的五本书"，总结他们的治学理念，采写他们的读书与成长的动人故事，形成采访报告，与读者分享他们的读书体会。最后，由图书馆汇编、整理形成潍坊学院名人《治学理念与读书感言》《影响我人生的五本书》，经其本人审校后制作宣传板在校内予以宣传，指导学生健康、有效地阅读，激发了学生的读书热情。

（二）高校图书馆与校外组织合作阅读推广

1. 高校图书馆与公共图书馆合作阅读推广

就阅读推广而言，相较其他类型的图书馆，我国公共图书馆的阅读推广历史较悠久，经验也较为丰富。高校图书馆与公共图书馆在联合开展阅读推广过程中，有着各自的优势和特点，如高校图书馆拥有丰富的专业资源、大量阅读素养较高的师生读者和数量较多、分布较广泛的实体空间；公共图书馆则有着大量的科普性资源、丰富的活动经验和独特的社会关系优势。两者因体制不同，目前双方合作的频率较低，合作的深度和广度有待进一步加强，但两者优势互补，便于开展影响力深远、活动范围大、参与度高的阅读推广活动，双方未来合作的前景和机会是值得期待的。例如铜陵职业技术学院图书馆与铜陵市图书馆、铜陵县图书馆，自2009年起，连续多年合作开展"送书至军营"活动，深受当地驻防部队欢迎，社会效益显著。在铜陵市政府的统筹协调下，2015年铜陵职业技术学院图书馆与铜陵市图书馆双方新馆又共处一地，此后双方更是方便地合作开展了诸多阅读推广活动，如铜陵市公共图书馆邀请专家举办讲座，受众不仅包括社会读者也包括学校师生读者，学校图书馆也敞开大门欢迎公共图书馆的读者。深入全面的合作使双方成为当地促进全民阅读建设书香社会的"急先锋"，受到了当地居民的一致欢迎，营造了极其浓郁的阅读氛围，成为地区信息文化娱乐中心。

另外，高校图书馆与公共图书馆双方合作开展阅读推广不仅可以实现资源共享，广泛开展馆际互借、联合实施信息素养教育等活动，还可以联合购置电子资源为读者提供更多的资源以便利用。同时，公共图书馆还可以根据学校的教学时间，针对学校教职工制定"亲子阅读"项目，而高校图书馆也可以联合学校其他部门组织学生充当公共图书馆活动的志愿者，组织专家教授为公共图书馆开展专题讲座等。

2. 高校图书馆与政府部门合作阅读推广

随着书香社会、学习型社会建设目标的确立和大众终身教育思想的深入，我国政府对全民阅读推广的重视与日俱增。政府不仅在内部周期性地开展学习日、学习周等活动，而且积极发起大规模的阅读推广活动，也积极支持各部门开展阅读推广活动。高校图书馆作为某一地区的文献信息中心和文化中心，多年来一直是政府部门组织开展阅读推广活动的合作伙伴。在全国各地的大型读书节活动中，都能看到高校图书馆的身影。例如，苏州读书节活动主体中有苏州工业职业技术学院、苏州卫生职业技术学院、沙洲职业工学院、苏州市职业大学；深圳读书月活动主体中有深圳大学城图书馆等；东莞读书节活动主体中有东莞理工学院图书馆等。

政府在合作开展阅读推广工作中一般是活动的指导者和资源的组织者，高校图书馆则具体负责开展活动，活动对象不仅包括师生读者，也包括校外大众读者。高校图书馆在政府组织的阅读推广活动中不仅可以提升活动的宣传力度和参与度，还可以提升学校和图书馆的社会影响力、赞赏度和满意度，但在这类合作阅读推广活动中政府部门往往重形式、轻过程，政府部门领导常常只是热衷于开闭幕式，真正与高校图书馆合作的深度还不够。同时这类合作阅读推广活动时间也较为集中和不稳定，政府部门常常利用4·23世界读书日等特殊时期集中开展活动，下一次合作开展活动可能要等整整一年甚至更长时间，真正与高校图书馆合作的持久性也不足。因此，高校图书馆应该积极参加政府组织的阅读推广活动，争取相对较少的合作机会，充分展示自己组织活动的能力和促进全民阅读的愿望，增强政府部门阅读推广重要性的意识，以便得到政府部门在政策、资源和宣传上的长期支持。

此外，高校图书馆还可以通过政府有关部门的支持，开设分馆或阅读点为民众阅读提供方便，促进大众阅读。例如，广州大学图书馆与省市有关单位合作共建图书馆桂花岗分馆暨中山图书馆桂花岗社区分馆、广州市廉政信息研究中心、部队军营图书馆，为社会读者提供阅读服务等活动。

3. 高校图书馆与出版发行机构合作阅读推广

图书馆社会合作研究专业委员会，是中国图书馆学会2009年第八届学术研究委员会大会上新增设的，其主要任务是开展图书馆与社会合作阅读推广的理论研究，促进图书馆与出版、发行、数据库商等组织机构之间的合作阅读推广。2009年在广西南宁召开的中国图书馆学会年会上，开设了"图书馆社会合作分会场"，针对"图书馆、出版商、发行商——合作中的利益与冲突"与"图书馆与媒体的合作"以及"图书馆与数据商：在合作中双赢"等命题展开讨论。2013年由中国图书馆学会阅读推广委员会、中国新华书店协会等单位联合组织召开了"出版界图书馆界全民阅读年会（2013）"，共同商讨出版社、图书馆的合作，促进全民阅读活动的组织与落实，此后年会连续数年惯例举办。图书馆界与出版界合作开展阅读推广有着一致的目标，一方面高校图书馆希望利用出版发行机构独特的优势，即最畅销的图书资源、最新的读者阅读信息、最专业的技术人员和最广泛的实体网点，以便提高活动效益；另一方面出版发行机构希望通过阅读推广活动开发最具阅读潜力的高校师生读者群体，以便促进图书等资源的销售。

所以高校图书馆应该紧紧围绕以下四个方面加强与出版发行机构合作开展阅读推广。

第一，高校图书馆在开展阅读推广活动过程中应该积极争取出版发行机构在资源上的支持，出版发行机构通过捐赠形式向活动提供最新的畅销书可以丰富活动的资源和品质，另外出版发行机构为活动提供小礼品可以缓解高校图书馆的活动资金压力。

第二，高校图书馆利用出版发行机构掌握读者的阅读大数据，可以有的放矢地开展更具针对性的阅读推广活动，可以进一步提高活动的效果和质量。

第三，高校图书馆可以充分利用出版发行机构的专门培训人员，为师生读者开展信息检索与利用培训教育，缓解高校图书馆信息素养教育活动的人力资源不足问题。

第四，出版发行机构分布广泛的网点，是高校图书馆开展社会化阅读推广活动的理想平台。不仅可以减少活动的成本，还可以周期性地开展活动，从社会末端满足社会读者需求。但是，双方合作开展阅读推广工作中，也应该注意出版发行机构作为营利性组织及其开展活动的目的，所以高校图书馆在开展活动过程中不能一味地向出版发行机构索取支持，也不能一味地迎合出版发行机构向读者推广不合适的资源。

4. 高校图书馆与大众媒体合作阅读推广

高校图书馆与大众媒体合作开展阅读推广，主要有两种方式：一是合作宣传推广；二是合作开发项目，其中项目又分为高校图书馆的阅读推广项目和大众媒体的阅读推广项目。随着阅读推广工作的不断深入，高校图书馆越来越深刻地认到活动宣传推广的重要性，各种营销理论与手段逐渐被广泛地应用在阅读推广研究过程中，但实际工作中营销理念的引入却不甚理想。原因在于高校图书馆不但缺乏营销推广活动的经验，也缺乏必要的专业人才和技术手段。所以，高校图书馆不仅要与校内宣传部门深入开展合作，而且也需要与大众媒体进行多层次的交流与合作。不仅需要对活动内容进行宣传，而且需要对活动过程和效果进行宣传。不仅需要采用传统的宣传手段，而且需要采用新媒体技术进行宣传。社会上专业的宣传策划企业，虽然具备较高的专业水准，也有较高的合作意愿，但费用却远远超过高校图书馆的承受范围。所以高校图书馆在开展阅读推广活动中，往往将目光投向大众媒体，希望借助友情支援活动的宣传工作，而且效果也不错。大众媒体在与高校图书馆合作开展活动宣传过程中，也可以积极推广自己的产品，提高自己的影响力。目前高校图书馆与大众媒体合作的深度和广度还有待进一步加强，例如大众媒体并不愿意参与到活动的整体策划，只愿意宣传活动的开闭幕式亮点和框架形式，而对活动的内涵宣传较少，总体上大众媒体的活动参与积极性不高。

目前国内高校图书馆大多通过借助大众媒体平台相对自主地开展宣传工作，同时也有大众媒体主动利用高校图书馆阅读推广活动资源开展宣传工作，以便扩大自身影响力。另外，高校图书馆也可以通过发掘自身的特色馆藏为大众媒体开设阅读栏目提供资源保障，如中国国家图书馆、天津市图书馆、深圳市图书馆、杭州市图书馆、上海市图书馆等许多公共图书馆都在数字电视上开辟了阅读栏目。高校图书馆也可以利用自身专业资源和教师优势与相关媒体合作开发阅读项目，如厦门大学人文学院中文系教授易中天先生与中央电视台科教频道合作制作的《汉代风云人物》《易中天品三国》等百家讲坛系列阅读栏目。

5. 高校图书馆与协会、联盟和民间机构合作阅读推广

（1）高校图书馆与中国图书馆学会合作阅读推广。

中国图书馆学会阅读推广委员会是专门开展阅读推广理论研究和实践工作的组织机构，是高校图书馆阅读推广工作的引导者、支持者和合作者。自从学会成立以来，联合全国各地高校图书馆开展了内容丰富形式多样的阅读推广活动，如学会下设的经典阅读推广委员会与青少年阅读推广委员会和凯里学院图书馆合作，举办了"西部大学生经典阅读推广论坛"，并在会议上发表了《阅读是天职、推广是使命》《经典阅读与推荐书目》《经典阅读与人生》等报告；图书评论委员会与淮阴师范学院图书馆等多家图书馆合作，举办了征文评选活动；阅读与心理健康委员会与苏州卫生职业技术学院图书馆和北京大学图书馆合作推出了"4·23 我们在做快乐的事"和"读书读出好心情"等一系列阅读推广活动；大学生阅读委员会更是专注于高校大学生阅读推广工作的组织，先后与郑州大学图书馆、中原工学院图书馆、南京理工大学图书馆、南阳师范学院图书馆等多家高校图书馆合作，为在校师生开展了名家讲座、爱心图书漂流、美文吟唱会等多种形式的阅读推广活动，极大激发了广大师生读者的阅读热情。

（2）高校图书馆与阅读推广联盟合作阅读推广。

高校图书馆参加区域内的阅读推广联盟不仅有利于阅读推广持续有效地开展，而且可以通过联盟的团体力量与图书资源出版发行机构合作为读者争取更多的阅读权利。例如，北京多所高校图书馆参加了首都图书馆联盟，为区域内的大众读者提供了丰富多彩的阅读推广活动，大大促进了大众的阅读能力和阅读兴趣；平顶山工业职业技术学院图书馆自加入高校图书馆阅读推广联盟，创新阅读推广形式后取得了显著的成效，资源借阅率和读者到馆率明显得到提升。

（3）高校图书馆与民间阅读机构合作阅读推广。

高校图书馆还可以与民间阅读促进组织合作，通过发挥自身优势支持其开展阅读推广活动，或争取其为自身阅读推广活动提供支持。国内外民间阅读促进机构和组织实施的阅读推广活动，大多以促进大众和儿童、残疾人等特殊人群阅读为宗旨，它们大多规模小但数量多，发展势头迅猛。它们的活动宗旨与高校图书馆社会化阅读推广宗旨是一致的，是高校图书馆向校外拓展阅读推广的合作伙伴。

（4）高校图书馆与企业合作阅读推广。

高校图书馆与公司企业合作，不仅可以有效指导企业开展阅读推广活动，提升企业员工信息素养和阅读水平，而且还可以获得企业在资金和物质上的支持，扩大活动范围和效益。例如，江汉大学图书馆联合东方汽车有限公司等企业单位，开展企业员工信息素养培训，面向市民开展艺术画展、摄影品展、名家书法、主题讲座等活动；沈阳五爱实业有限公司赞助东北大学图书馆，举办了声势浩大的阅读交流分享比赛，活动成功吸引了校内外大量读者，不仅提高了图书馆资源利用率和图书馆影响力，同时也提升了沈阳五爱实业有限公司的社美誉度。

第四节　高校图书馆有声读物阅读推广的策略探讨

随着全民阅读的深入开展，各类阅读推广活动呈现出泛在化特征，传统阅读与新兴媒介开始相互渗透、融合。信息技术的每一次进步，更是推动了文献信息资源建设与利用方式的革新。新兴网络技术升级改造，引发了图书馆结构重大变革，图书馆资源和服务模式开始脱离传统空间结构与物理形态而存在和发展。随着互联网的发展与 Wi-Fi 的不断普及，在数字化、碎片化阅读影响下，有声阅读的兴起更是打破了文本阅读对视觉的依赖，使随时随地听读成为可能，阅读主体的行为开始朝着动态、多样化方向发展。图书馆的阅读推广对象随着新兴媒介和读者阅读习惯的变革，也从纸质文献到电子文献再到移动终端进行转变和融合。

如今移动的有声读物正在逐渐被广大读者所接受和喜爱，特别是追求时尚的年轻大学生。无论是早期的评书、广播剧、曲艺、相声等表现形式，还是移动多媒体下的听书平台，这些都可被纳入有声读物范畴。相对于传统文献读物，有声读物不仅具有低廉的获取成本、较高的阅读效率、较低的阅读门槛、生动的阅读乐趣、便捷的获取通道等优势，还对英语、普通话等学习者有很大的促进作用，也满足了人们的碎片化阅读需求。另外，作为电子出版物的一种，有声读物与传统的无声电子书相比也有其独特的优势，例如阅读过程中的移动性、即时性、互动性、更具便利性和趣味性。

高校图书馆有声读物阅读推广举措如下：

一、分类建设，夯实推广资源

移动互联网技术以及智能应用不断升级改造，高校图书馆线下业务正面临着大面积萎缩局面，传统纸质文献借阅量已经呈现出下降趋势。有声读物的出现不仅保障了视觉障碍患者、文盲、低幼儿童等阅读群体权利，同时也满足了高校读者数字时代碎片化阅读需要，特别是符合大学生读者的阅读习惯和兴趣爱好。高校图书馆面对真切的有声阅读需求，应该抓住机遇，努力建设有声资源，为阅读推广转型奠定基础。目前，高校图书馆建设有声读物资源主要有以下三种渠道。

（一）直接购买资源

高校图书馆通过购买途径获得的有声读物，只需要借助压缩、下载、播放技术即可使用，方便简单易操作，但在采购之前高校图书馆必须开展充分的调研工作，广泛征求读者资源采购意见，选择有正规渠道和有实力的资源出版发行机构进行合作，还需要对所购置的资源进行全面的甄选，确保资源的安全、健康和可靠。

目前市场上有影响力的有声读物资源供应商有 EBSCO 有声读物资源服务系统，系统与全球数字内容交付领头羊 Findaway 合作，提供了读者从移动设备直接访问资源的功能。系统凭借简化的工作流和有趣直观的设计，方便读者快速简易地搜索资源，并配合其 App 使在线聆听变得更加容易和方便。

（二）自建资源

2013 年，由教育部语言文字信息管理司制定的《中国语言资源有声数据库建设工作规范（试行）》明确了由国家语委主管，按照国家统一规划、地方组织实施、专家业务负责、社会参与建设的工作目标，为中国语言资源有声数据库建设提供了制度化保障。具备条件的高校图书馆可以依据中国语言资源有声数据库建设思路，依托区域内联盟组织，联合其他高校图书馆、公共图书馆和相关文化传媒和出版发行机构，在做好有声资源中长期建设规划和资源调研选题工作上，通过设立录播室或有声资源制作中心，购置文字转化音频软件。以教学和公益性活动为目的，在版权许可前提下，聘请专业演播人员对原作品进行有声录播。条件欠缺的图书馆亦可充分发挥高校图书馆员和校内师生读者的积极性，在进行必要的专业培训基础上，利用喜马拉雅 FM 等手机软件等录播功能录制有声读物。高校图书馆自建有声读物资源要立足校内教学科研需求和地方文献服务特色，有步骤地实现实体馆藏和有声数字资源的协调发展。

（三）搜集整理网络资源

为了节约资源建设成本和难度，高校图书馆在直接采购和自主建设的同时，还应加强线上免费有声读物资源的整合与揭示。高校图书馆应该组织专人对互联网上海量的免费有声资源进行整理和揭示，建成特色数字资源库或资源链接。同时，还可以与图书管理系统供应商合作升级图书管理系统，改造升级 OPAC 系统，使检索结果不仅显示文献资源的物理馆藏，还可以显示相关资源的电子资源或有声资源链接，以满足读者多元化的信息需求。此外，高校图书馆还可以单独设计一个多媒体点播系统，搜集免费资源并加以著录。例如，北京联合大学应用文理学院图书馆自行建设的有声读物点播系统，点播系统由硬件和软件组成，硬件部分主要包括一台稳定的服务器和一台有足够空间的磁盘阵列或网络存储，软件部分主要由 WEB 发布服务器、流媒体点播服务器、数据库软件、点播 CMS 网站管理系统、海量免费资源五部分组成。

高校图书馆在有声读物资源建设过程中，有必要提供一个专门的资源存储空间和设施，将有声资源集中保管和利用，并对不同介质形式的有声资源进行科学分类，可参照 ISBD（NBM，即《非书资料国际标准书目著录》）和 ISBD（ER《电子资源国际标准书目著录》）等相关细则著录，重点突出有声读物的内容、播客信息以及与其相对应的纸质资源链接和相关内容链接，形成一个详尽的有声图书馆数据资源库。同时，还需要提供一个统一的检索入口，简化有声资源网站检索词中专业术语的应用，方便不同知识背景读者无障碍利用。

二、细分读者，加强用户黏合度

随着"互联网 +"进程的加速，用户的个性化需求日渐突显，线上用户族群正不断裂变，应用市场个性化定位更加精准，移动互联网开始进入精细化运营阶段。

一般来说，高校图书馆举办听书活动的主要对象有两种：第一种为学生，第二种为教师（包括所有职工），其中教师群体中可以再将科研工作者单独列出。高校图书馆应该根据不同类型的读者，有针对性地推送有声资源。例如加强与学生组织和教学院系之间的合作，在充分调研大学生学习特点和阅读习惯的基础上，根据年轻人的阅读喜好进行有声读物推送；年长的教师读者，由于繁忙的工作和生活，对有声读物这类新生事物接触较少，接受能力也较弱，但是对本专业知识学习和评书、故事连载、人物传记、亲子阅读类文献有着浓厚的兴趣，高校图书馆可以通过简化听书的流程方式，推送相关有声读物。同时，高校图书馆应该主动调整服务策略，在满足线下用户阅读需求的同时，拓展线上潜在用户族群，建立线上有声资源库分值评价机制，将有声资源优劣评价权交予读者，增强线上用户的体验度和黏合度，吸纳更多具有"听读"需求的潜在受众读者参与阅读推广活动。

三、加强合作，实现跨界推广

云计算、大数据、"互联网 +"的到来，以信息技术为核心的新一轮技术革命正在形成。随着线上用户的不断积聚增长，对潜在用户的挖掘已经成为各方竞争的热点。相对于高校图书馆，商业性有声读物平台"重利益，轻公益"的经营理念使其能够更加灵活地调整线上合作策略而成功跨界融合。2014 年，酷听听书瞄准听书行业发展融合趋势，通过获得有声视听文化委员会管理资质认证，成立有声行业首个战略联合集团——听书联盟，先后与澄文中文网、中信出版集团等数十家内容资源方达成全线战略合作，全面实现了内容、资源及渠道方面的行业聚合。2015 年 2 月，中信出版集团选择酷听听书作为战略合作平台，为其提供文字作品正版版权，再由酷听听书将其文字作品录制成高质量的有声作品，同时针对热门书籍，开创了同一本书以"看 + 听"两种模式同时出版，为用户的阅读提供了多种性选择。

与线上应用市场火热相反，线下的图书馆传统业务正面临着大面积萎缩，在服务转型的驱使下，高校图书馆应积极主动地谋求变革与发展，以适应数字化技术带来的挑战。高校图书馆可以在平衡公益性与商业性冲突的基础上，积极尝试开展校内外跨界合作，在有声资源建设和服务推广上除继续争取学校和政府的财政支持外，还应不断挖掘潜在读者个性化特色。线上加强同听书平台、广播电台合作，并通过按需引进优质有声资源，优化馆藏结构，满足不同群体的阅读需求。例如：吉林大学图书馆不仅与校内读者及相关部门合作，还积极与百度、喜马拉雅 FM 等平台合作，创建"白桦书声"校园朗读分享平台，充分利用校内外资源开展了富有成效的"听说"活动，深受读者欢迎。武昌理工学院图书馆联合盛大天方，推出"读 100 本好书——博学实训"专栏，读者通过登录图书馆网站试用资源"天方听书"即可收听、下载有声读物。

四、借势营销，创建品牌活动

借势营销手段来提高活动影响力和知名度，已经成为互联网经济时代各方发展的共识。高校图书馆除自身拥有丰富的实体和虚拟文献资源外，还是知识的殿堂，是学习的圣地，是一个具有无限价值的文化品牌。借助营销手段将线下实体馆藏与线上虚拟资源有机结合，广泛开展线上线下联动服务，是推动高校图书馆阅读推广活动由传统向数字化、智能化转型的必然选择。有声读物资源建立不仅能够缩短多元化阅读差距，更能满足图书馆读者随时随地阅读的需求。在有声读物营销推广工作方面，公共图书馆比高校图书馆起步较早，实际取得的效果也较为显著。

纵观国内高校图书馆，在有声读物建设利用过程中，不仅存在思想观念落后，资源建设不足、空间设施欠缺等问题，在工作服务机制和宣传推广等方面也存在着诸多问题。随着移动听书已经成为一种新的阅读潮流，各大听书线上商业平台纷纷致力于移动听书业务的发展，利用其独特有声内容和出版平台与作者、播客三方签约，使有声资源制作和有声读物品牌效应初见成效。面对新的阅读需求，高校图书馆应该主动参与有声资源建设，广泛开展宣传推广活动，在活动过程中要善于运用营销策略，创建活动品牌，充分发挥有声读物在满足读者阅读需求过程中的独特优势。例如，我国台湾大学图书馆设置 MusicBay 音乐聆赏系统，为读者提供多元化的音乐曲目，并增加影音在线多媒体服务系统，为全校师生提供不受时空限制的视听服务。青海大学等多家高校图书馆，通过装置和推广有声读物智能点播终端，成功吸引了大量读者的关注，同时高质量的有声读物又让读者享受到美妙的听觉盛宴，一时间"听书"场景及其终端系统变成了校园内一道美丽的风景线，也成为院校文化建设的品牌活动。

第三章 高校图书馆的学科服务与发展思考

信息技术的发展，高校图书馆读者可以通过搜索引擎、网页获取信息资料，但是网络信息繁杂，信息筛选难度较大，读者急切希望能有部门帮他们把信息知识进行关联、重组，创造出可以利用的新的知识。高校图书馆也为了配合高校学科建设，创新服务模式，拓展服务内容，引进国外服务理念，开始开展相关学科服务。

第一节 高校图书馆学科服务的特性及内容

一、高校图书馆学科服务的内涵

图书馆学科服务的概念，最早由国外的学者提出，其背景是图书馆馆员制度不足以适应信息化现代图书馆学科服务的需求，提出了以开展学科服务为核心，并以用户为中心，以创新知识为发展方向的一种新模式。学科服务是围绕学科进行的各种服务，高校图书馆的学科服务是指围绕高校学科建设提供的文献信息资源和技术的服务。

学科服务是适应新信息环境而产生的一种深层次的服务。它以高校图书馆的文献信息资源为基础，根据用户的实际需求，创建新的服务模式和服务机制，面向一线用户，探索科学研究和教学合作的途径，为用户提供个性化的、专业的知识服务，为教学和研究提供全方位的信息支持，以提高用户的信息能力。学科服务从过去的以文献检索与借阅为主的基础服务，到现在的融入科研、教学一线，满足各类用户需求的个性化、知识化、智慧化服务，是顺应外部环境与需求不断发生变化的。"学科服务逐渐成为高校图书馆理论研究和实践探索的重点领域，同时主动式、专业化、知识化、个性化的学科服务也成为图书馆实现服务转型的重要方向。"①

二、高校图书馆学科服务的特性

与传统的文献传递、咨询服务相比，高校图书馆的学科服务更注重知识服务以及知识服务的过程，其特征主要体现在四个方面：个性化、知识性、学术性、主动性，具体阐述如下：

（1）个性化。学科服务需要紧贴用户需求，提供有针对性的信息服务，深入院系，与各学科专家、学者、教师密切联系，及时掌握其个性化需求。通过实时在线的服务方式，掌握咨询用户的信息环境，收集相关信息，分析咨询对象的信息需求方向。调整用户研究的取向和角度、内容和方式，针对目标用户，积极将制作的便捷服务产品迅速传到其手里。

（2）知识性。学科服务并不是简单的文献传递或馆际互借，而是要对获取的信息进行二次加工，利用情报学原理和文献学方法，按照相关学科的知识体系分门别类地进行信息的重组以便研究人员使用。知识性服务通过高校图书馆门户网站，建立专业数据库，主动向用户推送知识。与此同时，依据学科馆员对对口院系学科科研工作者的追踪，得到其个性化需求服务的拓展信息，以提供综合的分析、评价及对比信息，为院系教师和科研人员实现发现、创新和获得学科知识提供帮助。

（3）学术性。学科馆员提供的服务是一种研究性服务，其服务对象主要是教师和科研人员，主要帮助解决教学和科研过程中遇到的研究性问题。在这一服务过程中，学科馆员充分利用他们的专业知识来研究和分析他们所掌握的信息，基于学术研究的前提下，提出自己的意见，为用户提供有价值的参考服务与帮助。

（4）主动性。学科服务是一种外向型服务，这就要求学科馆员要善于沟通、乐于"走出去"，主动去深入院系，了解教师与科研人员的实际需求，与其建立合作关系。在这一过程中，学科馆员必须准确地了解教学和科研信息需求的方向和特征，主动为教学与科研提供相关专业信息，贡献自己的力量。

---

① 沈洋. 高校图书馆学科服务制度体系建设研究——基于我国39所985高校的调查[J]. 现代情报，2017，37（5）：121.

三、高校图书馆学科服务的基本内容

世界万物总是在波浪式地前进，螺旋式地向前发展。人们对学科服务的认识也是随着学科服务的向前发展而发展的。虽然对学科服务的认知众说纷纭，但是随着时代的前进和环境的不断变迁，人们的认识也在不断地深入，从而学科服务也不断地走向深层化。高等学校的学科服务主要为教学与科研服务，包括课题的确定与对口服务、学科专题数据库的资源建设、建设图书馆学科服务平台、宣传图书馆资源与服务和图书馆学科信息服务团队化五个基本内容。

（一）课题的确定与对口服务

一般课题的立项由教师或政府有关部门提出，经过负责人写出并发表课题设计报告，经专家鉴定和有关领导批准之后立项。课题立项之后，高校图书馆就有了"定点服务"与"跟踪服务"，或称"对口服务"。高校图书馆开始系统地对有关课题的信息进行大量的搜集，去粗取精地筛选，集零为整地整理，并将整理好的信息定期或不定期地提供给教师，尽可能满足其对信息的需求。对口服务是一种最基础的服务。课题负责人按照高校图书馆的要求，填写对口服务委托书或科技查询的合同，并向高校图书馆介绍此课题的需要度与目前国内外有关的研究状况、课题所达目的、所需的环境、设备、资金、材料、人员构成、生产接收单位、如何移交生产及产品需求程度等内容。根据课题负责人的介绍，高校图书馆确定检索信息时间、文献类型、语种及地域，进而选定有关的兄弟院校及有关的图书馆和有关地区的图书馆，确定查询工具及有关数据库，制定检索步骤及方法，提供检索到的文献资料，组织索引及翻译校对工作，并将有关资料分课题类别整理归纳，存入库存档案。

（二）学科专题数据库的资料建设

专题研究是课题研究的组成部分，一个课题是分成若干个专题研究进行的，也可以把专题研究看成是课题研究的一个分支或一个阶段。一个课题研究可以由几个人按专题研究的顺序进行，也可以由研究人员每个人同时做一两个专题或先后进行。数据库按学科分类，学科按研究课题分类，而研究课题按研究专题分类。也就是说，数据库中有特定地区、行业、专业、课题、专题。这样的组织方法可以使用户很快查询到有关的文献资料及本地区的各种资料之间的联系。通过这样的分类，可以更有效地将教学人员、科研人员、教辅人员、行政人员进行及时的整合。将软件与硬件配套，将网络虚构资源与馆藏实体资源有机地结合起来。这

种结合是动态的、变化的、及时的，是随着教育的发展与科技的发展而增强的。这样，可以进一步提高教学与科研水平，从而提高国家与民族的整体科研与教育水平。至于资料的形式，可以同时有索引、文献、摘要、译文、专利、专题报告、图书及刊物等一系列的实用的检索形式，来表现进展的内容。

（三）建设高校图书馆学科服务平台

学科资源导航或平台建设的目的在于将与某学科相关的图书馆馆藏资源和网络学术资源进行统一提取与梳理，在同一个界面或平台上展示给用户，不仅节约了用户的检索与甄选成本，而且有效解决了日益增长的网络资源与用户有限时间获取到准确信息之间的矛盾。高校图书馆在支持教学和科研方面建立多个导航，但各高校之间略有差异，主要包括学科导航（Subject Guides）和课程导航（Course Guides）两类。

当学科服务的发展经过一个阶段之后，高校图书馆的学科服务平台建设也就提到日程上来，因为信息技术需要有这个加工工具，用户与高校图书馆两个方面都有这个需求。它是用户与高校图书馆的交流专用信息平台。利用网络、信息与计算机技术，智能化地精心组织与加工信息，有针对性地为用户服务，是高校图书馆为高校教师的教育及科研服务的重要手段。高校图书馆服务平台目前有图书馆导向（Library Guides）平台和信息门户（Information Door）平台。

学科资源导航（或平台）建设是高校图书馆提供学科服务的重要内容，借助学科馆员对学科专业知识信息的收集、整理、加工、组织与分析等能力和在图书情报领域的专业能力和网络服务能力，建立面向学科和教学科研用户需求的学科导航，为用户和图书馆工作人员快速定位信息资源提供了极大的便利。

（四）宣传图书馆资源与服务

院系教师和科研人员忙于教学与科研活动，往往无暇了解高校图书馆提供的馆藏资源和学科服务，馆员有责任和义务对高校图书馆开展的业务与资源进行宣传推广。在调研分析用户需求的基础上，有针对性地推送资源服务和旨在提高院系师生信息素养的培训课程。目前，高校图书馆的宣传推广图书馆资源与服务主要在以下方面展开：

（1）不断加强宣传力度。通过加强与院系分馆合办活动、向院系投放宣传单、邀请院系在高校图书馆举办各种活动、在学校网站门户宣传、馆内大屏幕巡回播放图书馆学科服务介绍等方式，加强对图书馆的学科馆藏资源、数据库、数据处理软件培训、学科服务产品的宣传力度，促进用户对高校图书馆提供学科资源与服务信息进行全方位把握，让更多用户更直观地看见学科服务的优越性和可利用性。

（2）深入教学与科研一线。许多高校图书馆的学科馆员在最近几年来，纷纷走出图书馆，走向教室课堂、实验室、设计室、院系培训会议等空间，主动与教学科研用户、院系领导等进行交流，详细介绍高校图书馆的学科资源与学科服务，使用户与图书馆之间建立无障碍的信息渠道和供需沟通，提高了高校图书馆的学科化信息服务能力及工作效率。通过直面研究人员，学科馆员可以根据其科研需求和面对的问题，有针对性地向科研人员进行宣传，改变研究人员对高校图书馆服务的原有认识与误解。

（3）借助多元载体开展宣传推广活动。Web2.0时代为高校图书馆的学科服务带来了前所未有的机遇，各高校图书馆纷纷借助多元载体对用户开展多种类型的宣传与推广活动，如创新的传媒技术和营销手法；定期与出版社、高校和企业协会合作举办学术性的讲座和展览会；推广图书馆新书博客、学科博客、在大厅和休闲空间张贴时尚宣传图片和主题海报等。

（五）图书馆学科信息服务团队化

现在的高校科研出现了不同往日的局面，一方面学科的分工越来越细；另一方面研究项目的涉及面越来越广。一个研究项目往往不是一两个人就能顺利地完成的，需要组织一个目标团队。高校图书馆馆员与用户的协作本身就是一个团队，再加上校内外的协作和地区内外的协作，使科研协作范围变得更加广泛。所以，馆内外、校内外、地区内外在一个共同的目标下，需要建立一个学科的协作团队。可以说，科研项目使学科服务实现了针对性，而学科信息服务团队化业使学科服务得以更高效地进行。

第二节　高校图书馆学科服务的建设研究

在20世纪90年代以前，众多高校图书馆的业务主要以满足师生的日常图书与资料的借阅为主，高校图书馆的发展长期处于缓慢甚至停滞的状态。目前高校图书馆的常驻群体以本科生为主，他们更多的是青睐这里优越安静的环境，在这里上自习。在新的大数据环境下，我们应将高校图书馆功能进行升级，深入探讨新时期高校图书馆所扮演的角色，如何让更多的资源得到充分的利用，如何让更多的科研师生在足不出户的情况下，也可以充分利用图书馆的馆藏资源和服务，解决他们在各自专业上的资料与数据需求，为此，我国高校图书馆学科服务的重点与难点主要集中在注重学科服务体系的规划与设计、完善学科服务资源、重视学科馆员团队建设及其素养培训、保障学科服务的连贯性与有效性。

一、注重学科服务体系的规划与设计

高校图书馆的主要任务是服务本校的教学、科研与学科建设。为此，在制定学科服务体系之前，应深入科研部、社科部、学科办等学校职能部门开展调研工作，了解全校研究生、科研教学人员的需求，学校的规划及要求等，同时考虑到本馆的发展规模与团队建设。制定相对完善的学科服务体系，涉及与原有服务体系的衔接和创新提升、新服务业务的开展、专业化馆员团队的培植、学科服务工作的培训与监督管理机制等。在实施一段时间后，要进行实施效果的自评与他评活动，调整规划目标与任务。

二、完善学科服务资源

（一）印刷型学科服务资源

印刷型学科资源又称传统型学科资源，中华文化有记载的已有五千年。载体从甲骨、钟鼎、皮毛、编到纸，文字从甲骨文、钟鼎文、魏碑，到篆、隶、楷、行、草，再到简化字、拼音字，都属于这个体系。网络化、计算机化、信息化下的电子文字信息，是另外一类信息。这一类文字信息虽然是后起之秀，但是发展迅猛，且信息文字传播速度远大于传统文字信息的传播速度。虽然曾经有人提过无纸化办公，但由于电子文字信息会受软件和硬件设备条件的制约，停电、死机、硬件故障等常会影响阅读，至今无法完全实现。而传统型学科资源在任何时间、任何场合、任何地点，都可以进行阅读。当前，两种文字信息同时存在，也可以说是平分天下。传统型学科资源的优点在于保存与发扬悠久的文化传承，一旦购买了它，可以长期保存，随取随用，同时有收藏价值，比如书法绘画作品，这是电子信息无法完全替代的。在真实可靠性方面，传统型学科资源也具有独特的优势。因为每出版一种图书，都要经过真实性、法律性、道德性、科学性及知识产权的审查，比较安全可靠。传统型学科资源还有一个优点，就是便于人们延续读书的习惯，特别适合推广全民阅读。国内的图书馆与新华书店，现在也在推出了阅读空间，这就是全民阅读的一种推广形式。

（二）数字型学科服务资源

数字型学科资源，目前包括电子书本阅读、电子期刊阅读、网页、多媒体与数据库等形式。它的优点是储存数量巨大，一张光盘可以储存 3 亿文字，比如 20 万字一本的书可以储存 1500 本。其品种类别十分丰富，分磁介质载体与光介质载体两种，比如光盘、U 盘、移动硬盘、磁鼓、磁带等。电子信息交流快捷，可从手机用 QQ 或微信下载到计算机，在计算机上接入 U 盘、光盘或移动硬盘，从而接入电视机。

但数字型学科资源在保存上也有缺点，最大的缺点就是保存时间不长。无论是 U 盘、光盘还是移动硬盘，其寿命也就 10 ~ 30 年，而宣纸可以保存 1000 ~ 2000 年，绢可以保存 300 年。所以，传统资源信息与电子资源信息，最可靠的方式是两者同时进行保存。

三、重视学科馆员团队建设及其素养培训

学科馆员是高校图书馆学科服务的灵魂与核心，其专业化素质会影响到学科服务的专业认可度，服务影响力与效果等。为此，学科馆员团队建设及其素养培训是重中之重，必须加以强调和重视。学科馆员团队可以根据学校的学科建设进行配备，比如北京大学以学部的形式进行学科馆员的组建，学生部内部配有若干学科馆员，方便馆员对院系提供协同服务。同时，学科馆员除了具有专业的文献检索、数据处理，平台建设等图书情报专业知识，还要对所负责学科的基础内容有相对专业的了解与认识，以及其他的能力，包括服务意识、沟通能力、创新能力等。高校图书馆在对学科馆员素养培训过程中，要注重挖掘学科馆员的优势特长，给其足够的创新自由和空间。

四、保障学科服务的连贯性与有效性

若想为全校师生提供高品质、有影响的学科服务，必须保障学科服务的连贯性与有效性，但这些确需要全馆服务体系的配合以及对学馆服务的监督管理。学科服务会涉及图书馆的全馆服务体系，包括资源采购及编目、图书借阅及馆际互借、参考咨询，文献检索、用户软件与工具培训、学科发展热点分析等，这就需要全馆上下的一致配合与协作。高校图书馆要将资源、技术、工具相关知识与技

能等优势转化为学科馆员的能力，满足学科服务的一切需要。学科服务是全馆业务的灵魂，全馆应着重培养馆员调动各方资源的组织能力，保障学科服务的连贯性与有效性，为高校师生提供准确高效的学科服务。

第三节　高校图书馆学科服务的发展策略

一、加强学科服务的平台建设

（一）树立学科服务平台建设意识

高校图书馆学科服务平台建设首先要树立信息公平意识，高校图书馆的学科资源应该在保障教学科研任务的基础上最大限度向社会开放。学科服务平台是教育教学的工具，学科服务平台应给用户带来平等的信息体验，而不是信息的不平等。图书馆专业专家程焕文强调免费服务是平等使用图书馆资源的基本保障。其次，高校图书馆学科服务平台建设要保障学科服务平台的数量和质量，积极发展本校优势学科，增加优势学科指南数量，满足用户对学科信息的需求。最后，高校图书馆要树立共建共享意识，发挥高校图书馆的主动性，加强与其他国际、国内图书馆的交流与合作。各高校独立建设学科服务平台因自身基础、资金问题会影响学科服务的质量，只有共建共享才能提高高校图书馆学科服务的质量和效率。

（二）明确学科服务平台定位

首先，需要明确学科服务平台的功能定位，完整的学科服务平台应该具有信息推送与发布、资源整合与检索功能、参考咨询等服务功能。其次明确平台内容定位，细化学科分支，将每个重点学科细化为若干个主要的研究方向，对每个学科研究方向建设相应的学科网页，形成"院系—学科—研究方向—学科网站"逐级细化的学科服务平台。每个学科网页应为学科用户提供有指导建议的学科信息资源，而不仅仅是消息通知或新闻报道。最后，要根据需要合理选择平台类型。

（三）丰富学科服务平台的内容

一是整合学科资源，包括纸质资源、电子资源与网络资源，通过学科服务平台实现按文献类型查找资源转变为按学科资源导引。二是按照用户的使用习惯，建设读者推荐列表、资源荐购或是学科馆员推荐好书。三是按学科用户需求提供学科动态、信息素养培训讲座、特色数据库等。学科馆员还可利用学科服务平台创建课程导引，开展嵌入式教学。四是与各院系深入合作，将各种不同学科的教科书纳入学科服务平台，通过检索查找教师提供的课程教材，并链接到图书馆馆藏书目检索系统，方便用户找到电子文献全文。

（四）增强学科服务平台的更新、维护及互动意识

高校图书馆应加强学科信息的更新意识，加强运用信息技术的理念，并以此为契机满足用户的信息需求，管理用户的相关信息。增加学科资源导航及课程资源导航的数量，充实专题导航内容，注重平台内容的时效性，为用户提供实时的学科信息。此外，还应及时对网络的页面及系统安全进行维护，更新、备份数据库，使用防火墙，全方位保护系统的安全。在现有学科服务平台的基础上应开放互动功能，增强用户的参与度，深层次发现用户的需求，及时改进不足以达到提升用户满意度的目的。

二、深化学科服务的资源建设

学科资源建设是高校图书馆建设的重点。高校图书馆应通过组织学科馆员通过问卷调查或走访的形式，调研搜集用户需要而图书馆没有的文献信息资源，在后续的图书馆采购中将其补全完善，实现学科用户查阅文献信息的需求。此外，在"互联网+"模式下，数据信息资源更为丰富，高校图书馆应根据自身优势，积极建设特色数据库。结合本校自身的学科特点，购买国内外特色数据库资源，组建与本校相适合的数据库资源并不断完善具有突出特色、富有个性化的学科数据库，使传统文献资源与虚拟资源之间相互支撑和互补，从而实现加强学科资源建设的目标。

三、提升学科馆员的队伍水平

（一）提升学科馆员专业水准

学科馆员作为高校学科服务的核心竞争力，一支专业素质高且业务水平强的学科服务团队，对高校学科资源建设和所提供的服务内容起到了至关重要的作用。因此，一方面高校图书馆应该适当招聘一些图书馆专业人才来负责新媒体推动送内容的排版、编辑和一些相关的技术方面的处理，从而提高新媒体运营者的编辑能力，推送更丰富的学科服务内容。另一方面，高校图书馆应当建立完善的学科馆员专业培训和继续教育制度，对现有学科馆员进行学科服务专业水准上的

培训。

（二）组建学科服务团队

高校图书馆要根据学科服务院系及专业数量建立相应的学科馆员团队。一方面可联系院系专家教师、专业学科馆员提供精准的学科咨询与决策服务；另一方面图书馆应与学生社团等合作，由图书馆员、学生顾问及学生志愿者组成服务小组提供委托检索、学科信息导航等基础性的学科服务，保证学科馆员数量及服务质量。

（三）增加学科服务团队人员数量

高校图书馆应面向全社会有针对性地招聘学科馆员，聘用学科基础扎实、学科专业背景强、并能熟练掌握计算机技术的专业人才，对有丰富教研经验的校内科研人员也可以进行招聘，通过筛选组建一支高效的、专业的学科服务团队来更好地实现学科服务。

（四）落实助力教学科研工作

目前，大多数高校均明确了现阶段学科馆员的主要工作，其中包括与院系教师对接，助力教学科研工作。但仍有部分高校因学科馆员的人数限制，这一工作并未能得到实际开展。因此，在未来的发展中，高校图书馆应就不同院系或就不同学科配备相应的学科馆员。这样不仅有利于更好地掌握学科资源以及学科动态方面的信息，还可以加强教师与学科馆员之间的联系，为教学活动提供专题信息服务，在科研工作中扮演协助者的角色，助力科研教学工作的开展。此外，学科服务团队的组成还需从学历、专业背景及年龄方面形成一套多层次的搭配结构。

四、完善学科知识服务体系的建设

（一）完善学科知识服务制度体系建设

目前国内高校图书馆学科服务建设制度不完善。在今后的建设过程中，高校图书馆需取得各方的支持与配合，尤其是学校层面的统筹规划，从宏观层面来规划图书馆学科服务的发展方向。此外，高校图书馆作为领头人，需在学校、图书馆和院系三个层面构建立体的统筹协调机制，加强学校、图书馆与院系之间的联系与合作，从而实现保障学科服务建设的长久运行。

（二）构建学科知识服务体系

目前我国高校图书馆学科服务类型多样且较为分散，没有形成系统的学科知识服务体系。高校图书馆应构建由图书馆基础服务、学科信息服务、学科情报服务组成的学科知识服务体系。图书馆基础服务是学科服务的基础，高校图书馆应提供借阅服务、预约服务、学位论文提交、文献传递、资源荐购等服务，满足用户对文献信息的需求；学科信息服务是学科服务的主要部分，侧重于学科信息资源的推广与利用，提供学科资源导航、学科动态推送、学科专题咨询、科技查新、查收查引、学术规范与投稿指南等服务，满足用户的学科信息需求；学科情报服务是学科服务的升级与延伸，针对学科建设目标，依托图书馆资源优势以及学科馆员专业的情报分析素养，借助相关文献计量学方法，为用户提供基于学科事实、数据、文献资料等高度定制化的学科知识服务和情报产品。通过提供学科分析、学科评估、知识产权服务、智库服务、决策咨询服务等保障高校的科研与决策。

此外，还要保障用户需求在数据资源层的核心地位。数据资源层主要起到对数据信息、学科资源进行收集、整理、存储以及备用的作用，作为学科服务平台建设系统的基础层，它不仅包含各个图书馆内的数据库等资源，更包含用户需求的潜在信息。因此，在这一层面要以用户为核心，收集整理学科用户的各方需求，利用人工智能技术，对所收到的信息进行分类，根据用户的使用频率来购买针对性较强的、利用率较高的以及较为全面的数据库，实现为不同类别的学科用户提供全方位的知识服务的目标。

五、加强与国内外图书馆的合作

（一）加强与区域内图书馆合作

一方面，高校图书馆应充分利用地域优势，与本地区的其他科研中心、大专院校图书馆、公共图书馆等联合建设区域学科服务共建共享平台。另一方面，高校图书馆应积极推动行业学科服务平台共建，突破院校层次、地理位置等局限，打破信息壁垒。

（二）深入开展国际图书馆交流合作

首先，高校图书馆应关注国际学科服务消息，了解国外学科服务动态。其次，充分利用国外免费学科信息门户为用户提供学科服务。再次，加强与国外知名大学、科研机构的合作与交流。访问国外图书馆的官方网站及其学科服务平台，了解其学术资源的组织方法，通过电话、邮件等方式咨询学科馆员相关学科信息，发现国内外图书馆在学科服务平台建设中的不同之处，汲取其优秀的学科建设经验。同时结合实地考察，派遣学者到国外参观访问、参加大型的国际学科建设论坛，借鉴世界一流大学先进的学科建设经验，开展学科服务平台再造，推动学科服务转型升级。最后，实施灵活的人才引进政策，引进学科专家、优秀学科馆员等高层次人才，提供良好的政策支持及教育科研条件，开展图书馆人才交流互通工作，支持我国图书馆员到其他国家进行学习及工作实践，也支持他国图书馆员来我国交流。

第四章　高校图书馆的社会化服务创新研究

高校图书馆开展社会化服务，既是时代和社会发展的需要，也是自身可持续发展的需要。高校图书馆服务对象的范围已不能仅仅局限于校内师生，应该在保证满足本校教学科研前提下，向外扩展到全社会普通民众，提供图书馆所拥有的各种资源与服务，更好地承担保障公民基本阅读权利、缩小社会信息鸿沟的神圣使命。

第一节　高校图书馆社会化服务概述

自 20 世纪 80 年代以来，我国就有很多专家学者对高校图书馆社会化服务进行了研究，但当时对这一问题的研究仅仅停留在对高校图书馆社会化服务理论问题上的求证，社会关注程度并不高，从理论上讲高校图书馆可以向社会开放，但在实际工作中却并未真正开展起来。随着市场经济和信息技术的快速发展，越来越多的专家学者关注这个领域的研究，许多高校图书馆也在进行社会化服务工作的探索和尝试，高校图书馆社会化服务模式呈现多维化态势，服务内容不断拓展创新，服务范围不断扩大。

一、高校图书馆社会化服务的含义理解

高校图书馆社会化的含义可以理解为高校图书馆根据自身所具备的资源和能力，在保证满足本校师生教学科研等正常需求的前提下，通过传统和网络途径，向广大社会读者敞开高校图书馆的大门，开放高校图书馆的馆藏资源和信息资源，

并为社会读者提供高校图书馆力所能及的信息服务，从而主动满足社会读者的信息资源需求的过程，最终实现高校图书馆的社会价值。

高校图书馆社会化从理论研究范畴来看，分为广义的高校图书馆社会化和狭义的高校图书馆社会化。广义的高校图书馆社会化是指高校图书馆在建设、运行和服务等方面突破传统管理模式的限制，由社会多方面力量共同协作，积极参与社会信息化建设的一种过程和行为。包括高校图书馆建设的社会化、服务对象的社会化、服务手段的社会化、服务方式的社会化和运营管理的社会化等内容。狭义的高校图书馆社会化指的是高校图书馆服务的社会化。高校图书馆服务的社会化就是高校图书馆对社会开放，接纳社会读者和社会团体，允许其查阅图书馆馆藏信息资源，为其提供信息服务，满足其对信息的需求。要求高校图书馆必须走出高校大门，突破传统的仅为本校师生提供服务的固定模式，向本校之外的社会读者开放，为周边社区乃至全社会范围内所有社会公众提供多层次、多方面的信息服务。

从高校图书馆社会化服务的概念中可以看出，高校图书馆的社会化服务首先要在保证为本校师生服务的前提下开展，换言之，高校图书馆要以本校师生为服务主体，以满足本校师生的教学科研服务为首要任务，如果服务主体偏离，高校图书馆社会化服务就无从谈起。同时高校图书馆的服务对象不能仅仅局限在高校范围内，要有为社会读者提供信息服务的意识。其次高校图书馆要采取多种方式向社会读者开放所有馆藏资源和信息资源，允许社会读者到馆查阅图书资料，在无版权争议的情况下允许社会读者通过网络获取所需资源，使高校图书馆的所有资源得到真正的共享，从而更好地为社会公众服务。

高校图书馆开展社会化服务，要树立对社会开放的大局意识，解放思想，打破只在高校图书馆内服务和只为本校读者服务的思想束缚。突破高校图书馆传统的、单一的服务模式，向社会读者开放资源并提供多层次的信息服务，最终融入整个社会大环境。从服务范围来看，高校图书馆要把少数校外读者逐渐扩大至全社会；从服务的层次来看，高校图书馆要实现社会读者与本校读者无差别对待，不能仅限于馆内阅览和复印扫描等简单服务，还要提供专业化、学科化和个性化信息服务；从服务内容来看，由于社会用户的信息需求可能涉及社会生活的方方面面，所以高校图书馆员要扩大视野，提升自身综合素质和业务技能，以满足各类社会组织和个人的多元化信息需求。只有这样高校图书馆才能更好地适应社会的发展，满足社会读者的信息需求，有利于高校图书馆未来的生存和发展。

二、高校图书馆社会化服务的一般依据

（一）读者需求

在知识经济和市场经济的时代下，信息的作用日益显著，信息情报的竞争也日益激烈，信息需求正在以几何级的速度增长。社会的发展需要信息，经济的增长需要信息，科学文化知识的普及需要信息，全民族思想文化的水平的提高更需要信息。在这样的社会进步大潮的推动下，劳动者需要不断学习来更新知识、增强其劳动技能；社会公众需要有一个继续学习、查阅资料和读书娱乐的场所；单位的专业性工作和科研项目的进行也需要利用图书馆获取各项信息资料。而这些都与充分发挥各级别、各类型图书馆的职能密切相关，当然高校图书馆也包括在其中。

众所周知，我国的许多地方文化落后，地方公共图书馆事业欠发达，公共图书馆书籍资料的人均占有率处于较低的水平，如果仅仅靠公共图书馆来服务社会读者，广大社会公众、企事业单位，以及其他研究者的信息需求就很难得到满足，整个社会的科技文化水平、全民综合素养的提高也会受到严重的影响。也就是说信息需求的猛增需要高校图书馆进行社会化服务。因此，高校图书馆必须充分发挥并利用自身的优势向社会开放，为社会提供最基本的信息支撑和最重要的信息保障。

（二）自身需要

高校图书馆面向社会开放，具有广泛的社会效益，是自身持续发展的需要。

第一，为社会提供更大的学习平台。高校图书馆通过向社会开放服务，可以唤起公民的阅读热情，吸引更多的读者走进图书馆，为公民提供平等的获取文化信息资源的权力。

第二，弘扬民族的先进文化。高校图书馆通过开展社会化服务，免费开放馆藏资源，有效地利用丰富的馆藏资源和先进的网络信息技术平台，深入宣传先进文化，改变了公民的知识结构，提高了公民的知识水平和思维能力。

第三，体现社会人文关怀。高校图书馆坚持以人为本、读者至上、服务第一的宗旨，为社会读者提供优质高效的服务，体现了人文关怀，促进了社会和谐发展。

第四，高校图书馆通过社会化服务可以为公民提供精神文化食粮，保障了公民的基本文化权益，使之更加自觉地推动社会主义文化大发展大繁荣。

第五，实现信息资源效率最大化。高校图书馆对社会开放，补充了区域信息

资源的不足问题，使馆藏信息资源得到充分利用，发挥了资源效益的最大化。

第六，高校图书馆通过社会化服务可以扩大自己在社会上的影响力。通过对社会公众的服务让更多的人了解高校图书馆，通过较好的服务水平赢得社会公众的认可和支持。

第七，高校图书馆需要与社会沟通与交流，通过社会化服务中得到的反馈信息，高校图书馆可以不断弥补自己的不足，有助于高校图书馆服务水平和服务质量的提升。

第八，能让高校图书馆员更多接触社会，有利于高校图书馆员扩展视野，提高工作效率，促进馆员的成长。可以看出，高校图书馆自身的发展也要求高校图书馆进行社会化服务。

三、高校图书馆社会化服务的主要内容

高校图书馆的服务内容是围绕学校的教学和科研工作开展的，是为教学科研工作提供所需信息，为学生获取各种知识提供相应的资料。将高校图书馆的服务功能社会化，即充分利用高校图书馆的资源，采用多种方式、全方位地向全体社会成员开放，积极倡导并推动全民阅读，使其更好地适应各类社会读者多元化的信息需求，充分地发挥高校图书馆在人类进步、社会发展、经济腾飞以及文化提升等多方面的功能。

（一）服务对象的社会化

传统意义上，高校图书馆的服务对象是本校师生，突出特点就是地域特性强，仅限于本校，并且文化层次相对固定。封闭的服务对象群和单一的读者结构不利于高校图书馆的建设和发展，使高校图书馆的工作缺少竞争性和主动性，为"固定的用户群"服务的观念根深蒂固，封闭自守、坐等读者上门的现象严重。但社会化服务要求高校图书馆扩展视野，将服务对象扩大到社会成员。高校图书馆的社会化服务的开展使服务对象必然将由"师生读者"向"社会读者"延伸，使高校图书馆的服务延伸至社会各个角落，这充分地体现出了高校图书馆服务对象的社会化。但由于不同类型、不同层次的读者所需信息资源在专业内容、类型、深度方面都存在很大的差异，所以就要求高校图书馆首先对所服务的社会读者进行分析研究，掌握他们信息需求的特点。同时，根据高校图书馆服务所能覆盖地域的范围、人口密度、读者群分布等来确定服务市场规模的大小。高校图书馆社会化服务的基本内容是服务对象社会化，也就是说，服务对象要体现社会化的特点。

从服务对象的范围来说，高校图书馆社会化服务对一切读者平等对待，都有享受服务的权利；从服务对象的所属单位来说，不再局限于本校师生，而且可以是政府部门、城市社区、企事业单位，还可以是农村或者其他社会团体；从服务对象从事的行业来说，可以是涉及一切人类科学的各行各业。

同时网络技术的广泛应用，使得高校图书馆开始突破馆舍、地域限制，跳出固定的服务场所，主动接触社会，摆脱了传统的文献管理模式，在文献信息的采集、加工、组织和服务方面，采用了新的方式，建立了辐射型的开放服务体系，服务对象群体也不断扩大。网络环境下的高校图书馆，社会读者通过互联网利用图书馆资源，查询所需的文献，了解这些资源的收藏和分布情况，并接受图书馆的服务。社会读者查阅文献而不必关注文献存放在何处，获取信息而不必关注信息由谁提供。这时高校图书馆的服务对象真正突破了馆舍以及单位、行业、物理空间和地域的限制，不再局限于本校师生，服务对象逐渐向社会读者扩展，其概念已超越了传统的读者范畴而具有了十分明显的社会化特征。

（二）服务内容的社会化

高校图书馆的首要任务是为本校师生教学和科研服务，高校图书馆的服务内容一般也是围绕学校的教学和科研工作开展，为教师的教学提供所需的资料、科研相关的信息；为学生获取各种知识、参加考试、提高技能、撰写论文等提供相应的资料与辅助。然而高校图书馆社会化服务的进行，要求高校图书馆服务的内容也随之社会化。

由于社会读者的工作领域面较宽、专业水平参差不齐、研究方向复杂多样、社会读者之间的整体素质差别较大等，社会读者的特点体现了高校图书馆在服务时的难点。社会读者涉及人数众多，给高校图书馆的社会化服务增加了困难，也提出了更高的要求。随着服务的开展，社会化服务的程度不断地提高，社会读者的需求会更加深入，并且不同社会读者所需文献信息的内容也不尽相同，高校要了解他们的信息意识、信息接受能力、个性化需求，以便为其提供所需的准确信息内容。高校图书馆服务内容的社会化体现在其涉及面广，几乎扩展到社会的方方面面。政府在处理政务、服务人民的时候需要掌握全面、正确的信息，以便参考并做出科学的决策；科研部门的工作对社会的发展具有重要的意义，在科研选题阶段、课题研究的阶段，以及最终结果的分析阶段，收集信息、利用信息都对其非常重要；企业新技术发现与应用、新产品的开发与生产、新市场的扩展等更是离不开信息，农业知识的普及、科技的提高以及城乡居民生活娱乐等方面都与信息息息相关。这就为高校图书馆的社会化服务提供了广阔的空间，给高校图书馆带来了良好的发展契机。

（三）服务功能的社会化

高校图书馆的基本功能是为高校的教学科研服务，这种观点严重地束缚了高校领导决策层、高校图书馆管理层，乃至于高校图书馆员的思想，也将高校图书馆的功能禁锢在高校的围墙之内。我国高校领导决策层、高校图书馆管理层长期以来受到习惯思维、保护意识的影响，认为学校资源是教育部拨给学校资金购买，认为面向社会读者开展服务会带来更多麻烦，消耗更多精力，所以只愿意为本校师生服务，不愿意将人力、物力投入社会中。

具体来讲，高校图书馆服务功能社会化主要表现在：高校图书馆可以为中国经济的快速发展以及中国参与国际市场竞争提供强有力的信息支撑，为社会的进步做出巨大贡献；高校图书馆可以为和谐社会的构建提供知识、人才资源等方面的支持，使高校图书馆成为和谐社会的建设中不可或缺的组成部分；高校图书馆还可以对传承文明、提高全民素质、建设学习型社会等发挥重要的作用，推进社会的文明和进步。

（四）实现全民阅读化

开展全民阅读活动，可以使中华民族更智慧、更科学、更文明、更有效地去创造、去生产、去生活，从而实现国民素质的整体提高，使中华民族的伟大复兴建立在更深厚的文化基础之上。

要实现全民阅读，仅仅依靠公共图书馆的力量和资源是无法满足的。而高校图书馆藏书体系相对完备，馆藏信息资源丰富，不论是从资源总量上还是从学科类别上，都是公共图书所不能比拟的。如果将高校图书馆富余的文献信息资源用于文献信息资源相对匮乏的社会公众，满足社会公众的对各种文献信息资源需求，将会推动社会文化、教育事业的蓬勃发展，能保障社会公众平等、自由利用信息的权利，促进社会公众科学文化素质的提升，带动社会经济文化大发展，从而构建全民阅读的和谐社会。虽然现实距离全民阅读的梦想还很遥远，但从国家对阅读立法可以看出国家对全民阅读重视程度，这是推动全民阅读行动中的一个里程碑，高校图书馆应顺应时代发展对高校图书馆提出的新要求，积极探索对社会开放的服务内容和服务途径，助推全民阅读化的早日实现。

综上所述，社会主义市场经济的迅猛发展和社会信息化进程的快速推进，使得信息网络化、社会知识化、学习社会化、教育终身化成为现代社会发展的必然趋势。高校图书馆具有丰富的馆藏资源，具备业务能力强的人才队伍，有着良好的文化氛围以及深厚的文化底蕴，应积极参与到推动社会发展的洪流中，根据自身所具备的能力和资源，在保证满足本校的教学和科研服务需求的前提下，采取多种方式为社会用户提供高校图书馆力所能及的信息服务，主动满足社会用户的信息资源需求，承担起高校图书馆应负的社会责任，发挥更大社会职能，最终实现高校图书馆的社会价值。

第二节　高校图书馆社会化服务的原则与模式

一、高校图书馆社会化服务的原则

高校图书馆对社会开放是大势所趋，而目前高校图书馆资源完全共享的条件还不成熟，并且向社会实施全面彻底开放也不现实。高校图书馆面向社会服务应依据自身实际情况，以科学发展观为指导，遵循一定的原则，逐步扩展服务内容和范围。

（一）以人为本原则

"以人为本"即人文服务原则。人文服务包括两方面内容：一是服务与管理的人性化，即针对所有服务对象，要求高校图书馆在服务中关爱读者、方便读者；二是保障弱势人群的信息需求，即对弱势人群信息需求的人文关怀，是高校图书馆实现知识公共目标的一个重要任务。

高校图书馆作为图书馆大家庭的一员，必须改变传统观念，彰显图书馆的本质属性，向所有公民开放，遵循以人为本的原则，关怀弱势群体，保障个性化服务。

图书馆人文服务理念在信息社会中有了新的意义与内涵：面对新型信息技术带来的信息分化，如何消除信息鸿沟成为信息社会图书馆的又一艰巨任务。高校图书馆需要打破原有束缚，积极主动地融入社会，把握读者需求开展多层次、多途径、多内容的服务活动，扩大社会服务受众面，方便社会读者利用和获取信息，努力满足读者多方位的需求，才能体现以人为本的原则。在服务过程中，根据社会读者的信息使用的习惯、偏好、特点以及用户特定的需求，实现恰当的时间和恰当的地点让用户得到满意服务的目标。高校图书馆所提供的信息服务要能让社会读者各取所需、各得其所，满足读者个性化的需求。坚持以人为本的原则，可以使高校图书馆的馆藏信息资源、专业人才资源和先进设施资源得到充分利用，提高办馆效益，提高高校图书馆社会化服务的效果。因此，高校图书馆及其馆员都应确定高校图书馆的价值观，积极主动地营造美好的人文环境，建设以人为本的现代化高校图书馆，以有利于高校图书馆适应时代、顺应潮流、服务民生，实现高校图书馆自身发展。

（二）校内优先原则

随着社会大众对图书馆需求的日益提升，高校图书馆必须重新审视自身，加强社会化服务意识，扩大高校图书馆的社会影响力，同时高校图书馆需要明确校内服务和社会服务的关系。高校图书馆首先要满足学校教学科研的需求和师生文献信息需求，拓展社会服务职能要遵循本校师生优先的原则，坚持以满足教学科研为主，满足社会用户需求为辅。

值得注意的是，高校图书馆在对社会开放时，应该充分考虑本校师生的优先权。高校图书馆在实现社会化服务时，一方面作为社会化服务的重要力量，要积极地向社会开放；另一方面高校图书馆最基本的职责是为本校师生服务，其最基本的服务对象是校内的师生读者，也就是说高校图书馆要在注重自身服务的前提下向社会读者积极服务。因此高校图书馆对社会开放应秉承本校师生优先的原则，这不仅是高校图书馆职能所在，更是争取高校广大师生支持的前提条件，当校内读者和社会读者产生同样的信息需求时，以优先满足校内读者需求原则处理，这样不仅有利于保证教学科研工作的顺利完成，更加可以保证高校图书馆社会化服务长期、持久、有序进行。

（三）循序渐进原则

虽然高校图书馆社会化服务是历史必然，在实践中也取得了一定成绩，但大规模的、系统化的服务格局尚未形成。不论思想观念、法律法规、管理体制、运行经费，还是馆员素质、技术手段、知识产权等方面，均在一定程度上阻碍了高校图书馆社会化服务的发展。社会化服务还有很长的路要走，不可盲目推荐，需要依据自身实际情况，有计划有条件地逐步开展，坚持循序渐进原则，充分发挥高校图书馆对社会开放的积极作用，不断提升高校图书馆的服务能力和社会影响力。

随着高等教育大众化的推进，如今全国高校在校学生人数急剧增加，教学资源严重匮乏，高校图书馆自习室、阅览室一座难求现象普遍存在。如若面向社会全面开放，原本紧张的教育资源还将被社会读者占用，影响校内读者使用，加剧教育资源匮乏的矛盾。因此，高校图书馆向社会开放采取分阶段分步骤进行是明智之举。首先对自身软硬件资源进行全面梳理，条件成熟的可考虑先期开放，条件不太成熟的，考虑暂缓开放，等条件成熟再开放；部分条件成熟的考虑部分开放，全部条件成熟的可全部开放。其次是制定一个切实可行的开放时间表，逐步推进，避免盲目跟进，一哄而上的做法，切不可造成高校原有教学科研秩序的混乱，影响到正常教学秩序。

高校开展社会化服务需要一个过程，不可能一蹴而就。无论是服务规模上还是服务层次，都必须坚持循序渐进的原则，从而保障高校图书馆社会化服务稳步迈进。坚持循序渐进的原则是务实的，高校图书馆在实施社会化服务时要根据自身的条件和能力大小，适度地、循序渐进地向社会读者开放。要处理好校内服务与校外服务的关系，避免社会化服务给校园基本服务带来负面影响。真正的全面开放要随着国家对教育投入的增加，教学配套资源的丰富，教学环境的进一步改善，对社会开放的范围才能达到社会所期望的程度。

（四）共建共享原则

高校图书馆的资源是有限的，并且需要优先满足本校教学科研的需求，仅凭一己之力，难以满足社会需求，所以必须实现资源的共建共享，多方合作，完善公共服务平台，构建开放式、立体化的公共服务体系，才能更好地履行公共服务职能。

高校图书馆面向社会服务，满足社会上各类读者文献信息需求的能力即是社会服务能力。高校图书馆受自身性质限制，公共服务能力略显不足。一方面高校图书馆的信息资源建设服务于学校专业设置，具有一定的局限性，难以满足社会各类用户的广泛需求，信息资源供给能力不足。另一方面高校图书馆与社会各行各业沟通、交流与合作机会少，缺乏主动开展信息需求调研、跟踪与分析服务的能力。共建共享的原则可以让参加共建的所有成员达到互惠互利的效果，这样，既能促进高校图书馆之间、高校图书馆与社会其他机构之间的协作和交流，又能更好地为我国图书馆社会化服务做贡献。

高校图书馆要主动与当地政府、企业、其他各类型图书馆或者数据库供应商建立协作关系，共同建立文献信息中心，各种资源优势互补，形成可以为社会公众服务的良性共享机制，满足社会读者的多样化需求。

首先，高校图书馆服务社会要根据所处地域的特点，找准定位及切入点，与公共图书馆一起发挥区域整体服务优势，更好地满足社会信息需求。加强图书馆之间资源共建共享，通过各种手段对网络信息资源及各方面文献资料进行收集、筛选和整合，建立起学科导航或者学科门户网站，建立区域性的图书馆信息资源共享网，实现馆际互借和文献传递，建立起优质的公共信息服务体系，完善公共服务平台。

其次，高校图书馆要与政府、企业合作建立多种服务平台，利用高校图书馆的资源优势，共建产学研联合体，获取企业的相关信息，力争成为行业性、区域性的科技信息中心，实施区域图书馆集群化发展策略，跨越国界与地域限制服务于需求者，从而形成开放式的服务体系。

最后，高校图书馆应该积极整合社会资源，构建立体化公共服务体系。通过寻求政府支持、引入互动机制、拓宽服务领域等途径，建立高校、政府、社会三者间良性互动运行机制，保证公共服务体系的高效运行。

（五）需求导向原则

以读者为中心，满足读者需求是高校图书馆服务的基础，面向社会服务更不可忽视。高校图书馆面向社会开放，既要注重常规需求，又要满足学术性需求，既要服务于社会大众，又要兼顾教学科研。只有坚持需求导向原则，才能保证高校图书馆服务更加切合各类读者实际，激发读者利用图书馆的积极性。

随着信息技术和网络的发展，读者需求呈现多元化趋势，社会化服务使高校图书馆面对更加复杂的读者群体。高校图书馆有必要对社会服务对象进行分类，根据图书馆资源特色和服务项目选择政府、大型企业及相关专业的研究机构作为对社会开放的核心群体，随时接待并提供深层次知识服务，把其他社区居民等作为普通群体，主要在节假日和寒暑假接待，提供借阅、参观等休闲类服务。针对不同层次读者可考虑发放不同权限的借阅证，根据本馆情况考虑为专业读者办理年证；对普通校外读者在节假日或寒暑假适当向周边社区发放一定量的短期临时借阅证，满足大众普及知识需要和休闲阅读需要。临时阅览证的使用实效可依据读者流量、馆藏情况灵活制定，如人大、北大、清华临时借阅证有效期为1日，复旦临时阅览证有效期为1周。

高校图书馆要积极创造读者需求，从服务质量、服务态度、服务环境、服务效果等方面全面改善，为读者提供多元化的图书馆服务，适应多层次、多样化的多元化需求。始终以读者为中心，营造友好氛围，建立良好的图书馆用户界面，拉近图书馆与读者之间的距离。创造并维护良好的资源利用环境，从读者需求角度出发，拟定人性化的图书馆规章制度、设计合理舒适的图书馆结构布局、布置更优雅舒适的图书馆阅览环境、简化开放借阅方式、开展更多的服务项目。要在原有馆藏基础上，合理使用购置经费，重点建设本馆特色馆藏。同时，力争实现图书馆联盟来丰富本馆馆藏，通过资源共享有效提高读者的满意程度，既不能影响本校教学科研，为本校师生提供满意的信息服务，又要服务于社会大众，满足基本的阅读需求。要从根本上改变被动、封闭、低效率的服务方式，主动深入研究各类读者的特点和需求，积极开发潜在需求，为读者提供开放协作、高速有效的服务，推进高校图书馆社会化开放进程。

（六）注重效益原则

图书馆是精神文明的阵地，图书馆服务是公益性事业，这要求高校图书馆面向社会开放必须以社会效益为主，并通过服务能力来体现。提高高校图书馆服务能力，提高社会效益，但改善服务环境、提高技术水平、丰富数字资源、维护与更新网络新等离不开经费的支持。目前，高校图书馆依靠学校拨款，资金有限，经济效益也是不可忽略的因素。在社会化服务过程中要考虑成本问题，在成本和效益之间寻找新的平衡点，实现社会效益与经济效益和谐统一，相互促进，保持高校图书馆充满活力，形成良性循环发展。

注重效益原则包括以下几个方面：

第一，要遵循市场运行规律。运用信息经济学的原理衡量评价社会化服务的经济效益，努力提高服务的"投入产出比"，提高社会化服务创造的净收益，争取经济效益。

第二，坚持把社会效益放在首位。图书馆的本质属性决定了图书馆服务必须以社会效益为主。高校图书馆要让更多的社会大众可以走进图书馆，可以阅读到更多的书刊。要努力倡导全民阅读，营造书香社会，提高全民的科学文化素质，提高社会文明程度，不能以任何借口向读者收取不正当的费用或多收费用。同时要形成有利于把社会效益放在首位的环境和条件，而各级政府也应加大对高校图书馆的经济投入，切实解决高校图书馆经费困难的问题。

第三，实现社会效益与经济效益的统一。高校图书馆开展社会化服务只有高质量满足读者多元化需求，赢得社会读者的满意，才能使社会对高校图书馆有更好的印象，从而产生一定的社会效益。从某种意义上讲，社会效益在一定条件下可以转化为经济效益，经济效益在条件成熟的情况下也会带来社会效益。社会效益和经济效益是相辅相成的，高校图书馆社会化服务要在坚持社会效益第一的前提下实现社会效益和经济效益的统一，社会效益好有利于图书馆事业整体发展，图书馆事业的整体发展也能实现更好的社会效益和经济效益。

（七）可持续发展原则

高校图书馆社会化服务是一个系统工程，是整个公共文化体系中的一部分，不是一朝一夕就能完成的，需要一个漫长的过程。因此必须坚持可持续发展原则，将高校图书馆社会化服务的过去、现在和未来相结合，将图书馆和图书馆事业相结合，将当前和长远相结合。只有坚持可持续的社会化服务模式，才能保证高校图书馆在公共文化体系中发挥积极作用。

高校图书馆向社会开放，除政府制定相应政策法规加以引导、鼓励外，更需要图书馆行业更新观念顺应社会发展，通力协作，达成行业发展共识，以更加积极、主动的姿态参与。

每一所高校图书馆在面对向社会开放服务的问题上，要依据本馆馆藏资源，人才构成等实际情况，重新认识和思考未来发展方向、目标以及定位。按照发展规划采取相应措施，逐步推进规划的实施，既要着眼当前建设，又要考虑长远发展；既要着眼硬件建设，又要考虑软件建设；既要着眼全面协调发展，又要考虑可持续发展。用科学的态度、创新的理念，科学的方法、创新的手段，科学的规划、创新的实施，促进高校图书馆社会化服务的全面协调可持续发展。

二、高校图书馆社会化服务的模式

高校图书馆秉持开放的理念，结合高校图书馆在资源、技术、服务上的优势，寻找高校图书馆社会服务的切入点，创新社会化服务模式，采取行之有效的举措，积极拓展社会服务空间，推进高校走向开放，促进开展社会化服务。高校图书馆社会化模式不应该是单一的，而应该允许多种模式并存，依据服务主体和服务对象选择恰当的服务模式，提供相应的服务内容。

（一）基于主体的服务模式

1. 高校自主自建模式

自主自建模式主要是依靠高校图书馆自有的人力、财力和信息等方面资源组建开展社会服务的载体。这对高校图书馆的信息资源、人才结构和服务能力提出了较高要求，属于较高层次阶段。国内高校图书馆以自主自建模式开展社会服务的例子不多，比较典型的有福州大学图书馆成立的"信息服务中心"、重庆大学图书馆成立的"现代信息服务中心"、宁波大学图书馆成立的"宁波大学科技信息事务所"以及江苏大学图书馆成立的"镇江亿百特信息服务有限公司"等。这些高校图书馆并不是简单地组建新的部门，而是组织机构的创新与健全、服务理念的改变、服务制度的规范、服务目标的明确和服务内容的清晰。自主自建模式仅仅是从运行主体上划分的，就目前我国高校图书馆实际情况，在实现社会化服务过程中亦可采取"馆企联合""协会合作"以及其他的信息服务方式提供服务内容。

2. 高校共建共享模式

共建共享模式是高校图书馆与其他企事业单位合作共建共享服务方式，双方优势互补，实现共赢。目前，大多数高校图书馆采取此类模式开展社会化服务。主要包括图书馆联盟、协会合作、校地共建、馆企联合等模式。

（1）高校图书馆联盟。图书馆联盟模式是指高校图书馆之间或者与公共图书馆联合开展的社会化服务。高校图书馆信息资源建设主要是围绕本校的学科专业建立的，特别是重点学科和专业，具有较高的信息资源保障率，而未开设的学科专业信息资源数量较少。高校图书馆开展社会服务，要面向学科背景各异的社会读者，信息需求也将多种多样，单一力量无法满足。必须联合本地区所有图书馆，建立区域内图书馆联盟，通过联盟形成整体合力，提高文献保障能力及服务质量，达到良好的服务效果。如镇江地区文献信息资源共享联合体就是以同处镇江市的三家高校图书馆和镇江市图书馆为主体运行的面向全社会服务的平台。建立区域内通借通还机制，实现区域内高校图书馆文献资源的共建共享。如天津高校图书馆联盟与天津市图书馆等机构开展资源共建共享，使天津市民能够与在校大学生共享图书资源，在共建平台上，天津市 6 所高校学生和普通市民均可以查询到天津市图书馆和高校图书馆的馆藏信息，一旦市民想借的图书在附近的图书馆缺藏或已借出，可以领一个相应馆的馆际互借证去别的图书馆或高校图书馆借阅，天津市图书馆找不到的文献也可以向图书馆申请免费的其他馆文献传递服务。

（2）高校协会合作。协会合作模式是指高校图书馆通过与行业协会、学会合作，提供面向社会的服务。信息职能是行业协会的基本职能，信息职能的发挥离不开文献信息资源，但行业协会作为一个中介组织，自身缺乏必要的文献信息资源。高校图书馆与行业协会合作，在一定程度上解决了行业协会文献信息资源短缺问题。同时，行业协会利用自身的组织协调优势，还能整合行业内高校、信息单位、科研院所、企业的信息资源，以共建共享方式形成完整、系统的行业特色文献信息资源体系，有助于高校图书馆更好地面向社会服务。如大连医科大学图书馆以大连医学会医学信息专业委员会为依托，将大连市各医院图书馆组织起来，通过医院图书馆向大连各医院提供文献传递、馆际互借服务，发放馆际互借阅览证，为大连医疗机关提供图书馆服务。同时，利用该馆的人才优势帮助医院图书馆培训馆员，给予图书馆业务方面的指导。

（3）高校校地共建。校地共建模式是指高校图书馆联合地方政府、所在社区及企事业单位协商办馆，实现高校图书馆社会化服务，这种模式既能够为社会用户提供更丰富的信息资源和更深层次的服务，同时也为高校图书馆自身拓展了服务范围，获得相应的政策与资金支持，达到了双方共赢的局面。高校图书馆可从这些机关单位获得部分经费资助，同时向资助方提供文献信息、参考咨询、课题跟踪、特色数据库、人员培训等服务。通过这种联合办馆方式，既可以在一定程度上弥补高校图书馆资金不足的问题，也为协作单位既节省了人力物力，又得到了文献信息的保证，实现双方的共建、共享与共赢。聊城大学与聊城市共建共享图书馆是国内较早的校地共建模式案例。广州大学图书馆为广州市委、市政府、公安局、教育局、环保局、档案局等十多家政府部门等提供特色信息服务也是具有推广意义的成功案例。

（4）高校馆企联合。馆企联合模式是指高校图书馆利用自身文献资料和网络资源优势，为企业提供全方位信息保证的联合办馆模式，也是高校图书馆社会化服务的模式之一。高校图书馆需要围绕企业的经营目标，采用文献、网络、走访等多种手段进行数据收集、调研分析和专家咨询，为企业提供个性化、有针对性、技术含量高的信息服务。采购适合地方经济和企业所需的文献信息资料，为企业建立信息平台，建设企业专题数据库，提供课题跟踪、情报咨询、科技查新、文献综述、竞争情报研究、代译代查等信息服务。与企业单位签订信息咨询技术服务合同，全年为它们提供讲座、培训、检索、原文传递等服务，帮助企业提高员工的综合素质，使企业更好地发展与生存，从而使高校图书馆与企业达到互惠互利，共同发展。"馆企联合"在我国已经有成功的案例，如上海第二医科大学图书馆与网络公司合作，为大型药厂制作网页，在网上公布并不断更新医药科技信息，提高药厂广告宣传效果，创造了双赢效果；河源职业技术学院图书馆采用和企业共建共享信息资源方式，为用户提供深层次、高质量的知识服务。

（二）基于内容的服务模式

1. 借阅服务

借阅服务是高校图书馆最基本、最容易开展的服务模式。高校图书馆拥有丰富的文献信息资源，馆藏文献学科门类齐全、内容广泛、专业性强，可以根据馆藏图书、期刊利用状况，在满足本校教学、科研之外，将闲置或基本闲置的图书、期刊向需要文献资料的社会用户开放服务。通过与社区合作了解需求，为所在社区的读者提供针对性的服务，开展图书导读服务和建立主题书架的服务等，让社区读者真正享受到邻近的高校图书馆服务的便利。高校图书馆都会购买中外文专业期刊、图书数据库及多媒体资源及教学考试等内容丰富、形式多样的数字资源，但由于版权限制，数字信息资源一般都进行了 IP 控制，只能在校园网或图书馆的电子阅览室才能利用。高校图书馆可以通过向社会大众开放电子阅览室，为其提供数字信息资源服务，方便社会读者获取更丰富的信息资源，为其提供更广泛的阅读服务。

此外，高校图书馆开展社会服务还应该提供相应的配套服务，如社会用户可以在图书馆内享受扫描、复印、打印、传真等一系列服务，实现对查阅资料的及时有效保存。能够利用馆内的基本服务设施，如自习室、视听室等，更好地实现高校图书馆对社会用户的全方位服务。

2. 专题服务

专题服务是高校图书馆开展社会化服务的最主要模式。专题服务是高校图书馆利用自己的优势，针对社会用户的需要而开展的高端用户服务，可以分为专题情报服务、专题社会信息服务、专题学习服务等形式。

专题情报服务是根据用户的特定需要，围绕某一专题，在一定时期内主动、连续地为用户提供对口的文献情报服务，开展社会化服务的重要方式。社会用户除了一般的阅读需求和信息查询的基础性需求之外，还会有一些基于专题的需求，需要高校图书馆协助，就某一专题组织展开工作。在高校图书馆自身专业无法完成任务的情况下，可与学校内学科专家一起研究，以项目合作的形式共同完成专题性的需求服务。高校图书馆应有目的、有组织地对区域内某些重大科研课题、高新技术产品开发等信息进行收集整理、分析鉴别，撰写专题综述、述评和专题研究报告，以专题形式向特定读者群体及时提供文献信息服务。

专题社会信息服务是指高校图书馆根据社会需求开展的信息收集、整理、提供参考的服务。高校图书馆可以组建专门团队关注政府、行业每个时期工作的重点、发展目标与趋势，收集、分析、筛选有关信息，以简报、专题报道等形式提供给相关领导层，为领导层决策提供参考和借鉴。如广州大学图书馆在中共广州市委对外宣传小组办公室（广州市人民政府新闻办公室）的委托和指导下，为有关部、委、局提供社会新闻信息综合与专题服务。根据委托单位的要求，组织专业人员就境内外媒体对广州市的新闻报道进行收集、加工、整理及舆论情况分析，以电子版传送和出版专题资料汇编等形式，方便相关部门了解舆情，提供领导科学决策参考。

专题学习活动服务是指高校图书馆利用资源和人才优势，在推动学习型社会、阅读社会建设中发挥特定作用的服务模式。倡导学习型社会建设，促进学习社会的形成是高校图书馆的重要任务，利用纸质和数字资源，营造良好的学习环境，为社会用户开展专题学习服务，是高校图书馆社会服务的形式之一。专题学习模式可以采用多种形式，方便社会用户随时随地享受服务，如清华大学图书馆开展的社交网络服务模式和教育培训服务模式，浙江电大图书馆的远程教育服务。乐山师范学院图书馆配合峨眉山市领导干部学习型班子建设，开设图书专架，建立专题电子资源，提供阅读指导、读书交流等服务，是专题学习活动服务模式的成功先例。

3. 知识服务

知识服务是以信息知识的搜寻、组织、分析、重组知识和能力为基础，根据读者的具体问题和个性化环境，直接融入读者解决问题的过程，提供能够有效支持知识应用和知识创新的服务，是高校图书馆社会化服务中最具潜力和发展前景的服务模式。高校图书馆知识服务是高校图书馆利用自身的资源、技术、人才和设备，通过知识服务人员独特的知识和能力，借助先进技术和设备对馆藏资源、网络资源进行挖掘、组织、开发和集成等一系列深层次加工后形成的增值的知识产品，并融入读者解决问题的全过程之中。知识服务是高校的重点内容，高校图书馆除为本校科研人员提供知识服务外，为企业研发人员提供知识服务是走向社会化，体现高校图书馆价值的重要途径，但由于知识服务对馆员的要求较高，因此目前还处于探索阶段。高校图书馆有必要制定具体的奖励办法，鼓励和推动图书馆工作人员积极投入到文献资源的深层次开发和社会服务中去。可以通过培训、以强带弱等方式，提高馆员工作水平，在图书馆中创造浓厚的学习氛围，使高校图书馆的社会化服务更上一个台阶。

高校图书馆社会化服务要以社会需求为准则，加快知识开发力度。随着市场经济体制的完善，高校图书馆为企业开展知识服务，必须针对其提出的特定课题和项目，借助丰富的馆藏文献资料和现代的信息搜集手段，进行信息收集加工，为企业提供所需的有关技术信息、决策信息、管理信息、供求信息、政策措施、同行企业的发展态势等信息和知识的"套餐"服务，不断向深度和广度延伸，形成知识服务的系列产品、优质产品和高端产品。高校图书馆可以尝试组建知识服务中介机构，开展信息咨询和中介服务，积极开拓信息市场、直接参与知识竞争。开展高校科技成果转化服务，根据市场趋势，筛选有开发前景的实用技术或专利，分析其实施条件和经济效益，提出可行性报告等，进行技术成果、信息的开发、转让，在发明与生产者之间牵线搭桥。如复旦大学、上海交大等一大批高校图书馆已纷纷与企业开通知识平台，有计划地利用高校的人力资源和丰富的馆藏资源为企业服务，受到企业热烈欢迎，这充分展示了高校图书馆服务于社会经济建设的新形象。

第三节　高校图书馆社会服务能力的提升与保障

高校图书馆社会化服务的实现是一个系统工程，需要转变服务教学科研的传统理念，在面向社会服务实践中体现全新的公共服务精神。随着网络化、数字化的发展，从更深层次、更大范围上挖掘高校图书馆开放的领域和内容。找准高校图书馆的定位，确定主服务群，拓展更宽阔的服务领域，建立健全公共服务体系，构建完善的保障机制，实现高校图书馆社会化服务的可持续发展。

一、高校图书馆社会服务能力的提升

（一）重塑公共服务精神

一直以来，高校图书馆缺乏主动为当地社会发展服务的思想，没有把社会教育和为社会提供信息服务纳入工作职能，将社会读者拒之门外。然而，时代发展需要高校图书馆打破封闭办馆模式，增强主动向社会开放的意识，将开放的理念贯穿于工作的各个环节，将所有文献和设施向全体读者敞开，对校内读者和校外读者一视同仁，让每一位读者都能享受到高校图书馆的服务，彰显图书馆的本质属性。

高校图书馆要认清自身的社会价值，关注和了解社会读者的信息需求，思考高校图书馆的社会责任。以开放、主动、公益性的服务精神为社会提供服务，增强社会服务意识，把高校图书馆的信息服务与经济建设和社会发展需要紧密联系起来，提高信息服务的社会效益和经济效益。作为一种公共资源，图书馆存在的唯一理由就是让所有公民平等分享，以期实现社会价值的最大化。

（二）提升深层次服务能力

深层次信息服务是高校图书馆服务社会化的主要内容之一，其内容可以包括代查代检服务、科技查新服务、定题服务、市场信息咨询服务、企业信息咨询服务等。提供深层次信息服务涉及面广，具有专业深度，对高校图书馆的资源和人员都有较高要求。

提升深层次服务能力可以从以下三方面着手。

首先要提高馆藏质量，兼顾本校教学科研和社会公众需要，扩大馆藏规模，突出馆藏特色，提供文献利用率，构建既能满足教学科研需求，又能在一定程度上满足社会多元化需求的文献资源和馆藏体系。

其次是提升图书馆工作人员素质，图书馆咨询人员既要具有相应的学科背景，又要有宽广的知识面、熟练的计算机技术能力和较强的信息分析综合处理能力。咨询人员整体素质的高低制约着服务能力。

最后高校图书馆需要充分发挥自身优势，对信息资源进行深度开发，向社会各类读者提供多层次、多样化的信息产品。只有提升服务能力，才能面向社会开展更深层次的专业化与个性化的服务，以获得更大的社会效益和经济效益。

（三）组建多元化服务团队

为了适应高校图书馆向社会开放的趋势，还需要优化高校图书馆人力资源结构，增强专业人才的建设与培养，明确发展目标，完善人力资源建设支持体系，解决机制和制度等方面的问题，打造知识结构合理、专业化程度高、职业道德水准高的人才队伍。进一步完善学历结构和专业结构，按照服务内容和服务层次划分不同的团队，配备不同层次的人才。高校图书馆社会服务管理团队承担社会化服务管理和简单的使用咨询工作，成员以业务水平一般的普通馆员和校内志愿者为主。信息技术团队主要负责有关电子设备和各类软件使用指导及电子资源利用问题，以具有计算机及网络相关知识的馆员为主。学科服务团队提供信息跟踪、资源分析等深层次知识服务，需要具有专业知识背景的高学历高素质人才。以此建设一支结构更合理、素质更优良、善于协作、勇于创新的社会服务队伍，以更好地达到为社会服务的目的，满足社会化服务中的多层次、多学科、多元化的信息需求。

（四）打造开放式服务模式

"开放"不是简单的开门服务，而是一个全方位概念，它体现高校图书馆服务的公平、公正、宽松、和谐与民主。在服务对象上，以面向社会所有人开放为宗旨。在服务形式上，改进现有针对教师和学生的服务模式，拓宽对社会大众有针对性的服务方式。从高校图书馆实际情况和社会需求出发，向社会公众提供全方位、多渠道服务，如为社会读者办理借书证，提供图书资料的借阅。发挥高校图书馆的资源和技术优势，开展网络信息服务，方便社会读者及时查阅最新的文献资料，利用网络手段解答社会读者咨询问题。结合本馆馆藏，定期或不定期整理科普类图书，进行专题书展，向社会读者宣传知识，传递信息。开展社会读者信息素养教育，扩大高校图书馆的社会影响力和认知度，塑造良好的社会服务形象。在服务时间上，保证开馆时间能够满足社会读者实际需求，尤其节假日开放。在服务设施上，以读者安全、便捷为本，合理布局图书馆建筑及设备。在服务管理上，以保障、维护读者利用信息为目标来制定各种规章制度。开放服务是图书馆公共服务精神的重要表现，开放式的服务模式能够从形式上保证服务的公平、公正与公共。

（五）拓展公共服务空间

面向社会服务的高校图书馆不仅仅是文献信息中心，也应当是社会教育中心和文化娱乐休闲中心，与公共图书馆一起担负"启迪民智，普及教育"的职能，不断拓宽公共服务空间。高校图书馆应紧密结合所在地方的经济发展和文化建设，积极服务于基层，充分发挥社会教育职能，面向社会读者开放图书馆的功能区域及教育资源，如报告厅、影音播放室、多媒体学习室，为公民提供继续教育的设施和条件。

高校图书馆可以和公共图书馆、社区图书馆以及农家书屋等建立馆际合作联盟，参与公共图书馆资源与设施建设，为其提供建设参考方案、信息资源服务、图书捐赠、人才培训等。协助社区馆和农家书屋建设具有本土特色的文献资源体系，实现高校图书馆与公共图书馆、社区图书馆网络信息资源共享。建立社区服务网站，开辟社区服务栏目及电子信箱，为居民提供信息服务。组织教师和学生志愿者到社区和农村乡镇开展丰富多彩的文化活动，围绕他们关心和关注的问题，举办一些专题图书展览、影片展播、讲座、读书会及学术沙龙等活动，既丰富了基层文化休闲活动，又提高了公民的文化素质和信息素质。

二、高校图书馆社会化服务保障机制

（一）资金来源保障

目前我国公众对高校图书馆提供社会化服务的呼声较高，但高校图书馆的响应仍存有顾虑，这种顾虑集中体现在以下两点：一是担心影响高校自身服务效果，增加管理难度；二是高校图书馆社会化服务难以获得相应的经济回报。高校图书馆社会化服务必然会增加服务工作量，现有馆藏资源也相对显得稀缺，但只要高校图书馆创新自身管理模式，社会也适当给予高校经济补偿，顾虑是完全可以打消的。

图书馆服务同实物产品一样，管理和服务时需要投入人力、物力、财力等成本。近年来，高校办学规模不断扩大，高校图书馆面临校内服务的压力，自身建设存在一定资金需求。如果片面地强调高校图书馆的公益性而否认其产业性，将使其与社会之间相互封闭，高校图书馆的持续发展也就缺少社会在物质、能量与信息等方面的支持，无法满足人民群众日益增长的文献信息需求。

不论社会公众享受何种类型的图书馆服务，都必然要涉及成本补偿问题，即图书馆的公共服务由谁来买单。正因为图书馆服务的公益性，政府应是图书馆建设和服务的主要投资者，这一点是不容置疑的。高校或者说高校主管政府机构是高校图书馆建设的投资者，高校师生享受高校图书馆服务无疑应是免费的。社会公众不是高校图书馆服务的主体，或者说社会读者利用高校图书馆给高校图书馆增加了额外服务，这些额外服务成本应由当地政府或社会读者来买单。

高校图书馆社会化服务中的基础部分，如文献借阅应由当地政府承担。政府要根据高校图书馆社会化服务的实际效果或者工作量来支付成本，这就是高校图书馆社会化服务的政府补偿。政府补偿的方式很多，如政策支持、共建图书馆、项目委托，也可根据资源传递或服务的数量来核算补偿金额。如成都市温江区将一些公益服务项目面向区内的几所高校进行招标，既发挥了高校资源优势，又节约了公共服务成本。这一做法为构建高校图书馆社会化服务的补偿机制提供了有益的借鉴。政府承担高校图书馆社会化服务补偿的主要部分，至于高校图书馆社会化服务中的信息增值而产生的成本增加则需要特定读者即用户来承担，这既是对高校图书馆智力劳动的尊重，也是为了防止高校图书馆资源被滥用。因为电子信息技术的使用，图书馆运营成本增加而造成的收费，用户应给予极大的包容和配合。通过服务补偿让高校图书馆在社会化服务中得到一定的回报，降低服务成本，既可提高高校图书馆的服务能力和可持续发展动力，也可促进高校图书馆社会化服务的积极性。

经济补偿是高校图书馆社会化服务的一种动力，而不应成为一种价值追求。高校图书馆提供社会化服务是出于公益精神，而不是牟利的动机，应提供服务满足社会群体的需要，而不应追求尽量多的盈利。无论收费还是免费，图书馆运营的一个核心理念应该是"以用户需求为中心"。社会公众应逐步树立文化消费意识，不能只以高校图书馆"是否收费"来衡量图书馆的运营价值观。高校图书馆也应坚持公共服务为主导，本着"公益、平等、互惠"的原则，与当地政府及职能部门积极开展调研，从法制、政策、管理上建立并不断完善，最终形成适宜高校图书馆社会化正常、持续服务的经济补偿机制。

（二）高校资源保障

传统的资源仅指文献信息资源，大数据环境下高校图书馆的资源则扩展到信息资源、人力资源、技术资源、空间资源等。人力和技术资源在后面单独列出，这里就信息资源和空间资源保障做一论述。

充足而完善的信息资源体系是高校图书馆开展社会化服务的基础，只有不断丰富馆藏信息资源、完善信息资源结构，才能使信息资源更适合社会用户的需求，形成开展社会化服务的有力保障，更好地实现高校图书馆社会化服务。高校图书馆要实现社会化服务的资源保障必须从以下方面努力：一是继续争取学校对高校图书馆的资金支持，实现文献信息资源的持续增长，包括传统的纸质资源和现代的数字资源都要有所增长。二是充分发挥区域性图书馆联盟的作用，进一步加强集团购买力度和资源共建共享力度，突出资源的整体实力。三是调动各方面的资源和活力，通过馆际互借、文献传递、网络查询等手段，补充馆藏资源的不足。四是争取各方面（如社会人士、校友）的捐赠，间接增加馆藏文献。

高校图书馆面向社会服务后，需要在资源购置时不仅考虑本校用户的信息需求，还要考虑社会用户的信息需求，针对社会用户的资源喜好、阅读范围、阅读量以及利用图书馆获取资源方式等需求特点，有针对性地补充相关资源。既要保障本校用户的使用不受影响，又要兼顾社会用户的信息需求得到保证。力求将不同类型的资源，按照一定的规律，通过集成、分析、综合的手段，使不同资源形成一体化的有机整体，使高校图书馆的资源利用最大化。

针对社会用户的需求，高校图书馆应充分利用图书馆空间，或利用图书馆空间再造理论，对图书馆空间进行合理规划和改造。条件允许的高校图书馆可以直接开辟出校外用户阅览室，为校外用户提供本馆报刊、电子文献及部分图书阅览服务。不具备条件的高校图书馆可以通过相关制度和手续，为校外读者提供图书馆公共区域，为他们学习休闲提供方便之地。

（三）人力资源保障

高校图书馆进行社会化服务，人力队伍素质是关键。原来只为本校师生服务，服务对象比较单一。开展社会化服务后，服务对象转变为多类型、多层次的读者群，对高校图书馆员提出了更高的要求。高校图书馆必须加强人才管理，通过奖励机制和竞聘上岗机制激发馆员的积极性，合理分配馆员的岗位，做到人尽其才。

首先，要增加图书馆服务人员的数量，在数量和规模上达到社会化服务的要求，保证有足够的人员开展社会化服务。

其次，要不断完善服务人员的年龄结构、专业结构和能力结构，既保证有一定数量的图书情报专业人员，还要求有一定比例的计算机技术、网络技术人员，还必须配备其他专业的工作人员。另外，还要求图书馆员具有高度的事业心和责任感，具有高涨的工作热情和娴熟的工作能力。

再次，要设立专门部门或抽出专门人员开展社会化服务。可以在高校图书馆设立社会服务部，抽出专人负责此项工作。也可以采用兼职的方式，以任务和社会用户的需求为导向，进行社会化服务。另外还可以通过培训的方式，专门培训社区图书馆的工作人员，提高他们的业务素质，通过他们为广大社会读者服务。

最后，要引入一定的管理机制，保证社会化服务人员工作的成效。对参与社会化服务的人员，要执行合理的职业教育机制、竞争机制、激励机制，在以社会效益为先导的基础上，尝试引入企业化管理机制，提高高校图书馆员的待遇和社会地位，积极引进复合型人才，防止人才流失。

（四）高校技术保障

随着现代化技术在图书馆应用和逐渐普及，利用现代化技术和设备向用户提供的服务也越来越多，高校图书馆开展社会化服务同样离不开现代化技术和设备的支撑。通过网络及网络通信技术，不仅能够降低读者获取服务的难度，延伸服务范围，使分布在各地的人群都成为潜在的服务对象，而且让高校图书馆突破了物理空间和实体资源的束缚，让社会化服务更加容易操作和实施。

高校图书馆实现社会化服务的技术保障大致有三个方面：

其一，提供开展服务的基本设备和技术。高校图书馆首先要引进业务管理系统，实现图书馆自动化管理。其次要建立和完善馆藏文献的书目数据库建设以及服务对象（包括社会用户）信息库建设。最后要提供计算机、打印机、无线上网等基本的技术设备，保证最基本服务的开展。

其二，充分利用现代化技术，购买和自建数字资源，开展丰富多彩的服务活动。首先要建设好高校图书馆主页，把高校图书馆能够提供的和用户需要了解的基本知识和服务项目最大限度地在高校图书馆主页中反映出来，如馆内新闻、新书通报、馆藏动态、服务项目、特色资源、数据库介绍等。其次要尽可能提供多元化的服务项目，可利用移动图书馆技术提供移动阅读服务，可利用网络平台提供网上参考咨询服务，可利用远程传递技术提供馆际互借和文献传递服务。还可通过博客、微博、微信等社交网络工具发布信息、推荐服务，方便各类用户参与并进行互动。利用 Wiki 百科构建馆内知识库、专题指南、主题标引，还能在馆员和用户之间建立起交流平台。

其三，利用现代化技术建立并完善图书馆联盟运行平台以及图书馆与社会用户的交流平台。例如，东北师范大学图书馆依托吉林省图书馆联盟，利用高校的人才和技术优势，打造了吉林省图书馆联盟云服务平台，该平台将实现集约化管理、资源集成服务、普惠民众，采用云计算技术，吸纳了云服务模式和理念的综合性、开放式、公益性，不仅能向读者提供国内外多馆文献资源的发现与一站式服务，而且能向读者提供云存储服务、云软件服务、个人数字图书馆订制等多项服务。图书馆联盟运行的关键技术在于联盟之间的信息共知共享以及共享平台的正常运行。另外，高校图书馆可利用一定技术建立高校图书馆和用户的互动平台，包括网上咨询平台、信息推送平台和馆内数据库使用技术等，尽最大限度保证社会化服务的顺利进行。

（五）高校制度保障

高等学校管理者要给予高校图书馆更多的自主权，健全馆长负责制和民主管理制度，重新合理配置资源，建立相应的激励制度与管理制度，鼓励有条件的高校图书馆向社会开放。高校图书馆要根据自身的实际情况，在不影响正常的为教学科研服务的同时，改革原有规章制度中不利用社会化服务的条条框框，制定馆员为社会用户提供信息服务时需要遵守的规章制度，同时规范社会读者的行为，从而减少校内读者与社会读者的冲突。例如在开放时间、开放对象、开放范围、收费标准等方面制定配套的管理办法和规章制度。对于开展的高校图书馆社会化服务工作，要在一定的时期，集中图书馆专家学者、地方政府官员和社会读者代表，倾听他们的反馈意见，并对服务工作进行科学的评价。通过评价，发扬成绩，总结经验，改正不足，以便更好地为社会公众服务。

高校图书馆在确立服务项目、建立课题组、完善管理措施等具体工作上都应反复调研、论证、修订完善形成全方位有效的规划。既要重视传统有效的服务方式和手段，又要不断学习和善于运用现代化的科学管理和服务技术，来提高服务效率。要不断冲破条块分割、各自为政的局面，建立与各类型图书馆之间、与地方政府信息部门之间、与社会信息服务中介之间的联系、交流与合作、加强业务往来，共同推动社会经济的发展和社会化服务的进行。

第四节　高校图书馆社会化服务的发展探微

随着科学技术的不断发展和社会文明程度的不断提高，高校图书馆社会化服务工作将会得到更多的关注、更多的支持和更大的发展。展望未来，新的高科技技术将会更多地运用到此项工作中，越来越多的高校图书馆将会参与到服务社会的活动中，服务范围定会越来越广，服务方式将会更加丰富多彩，高校图书馆社会化服务工作将会持续、规范、科学、深入地开展下去。

一、高校图书馆社会化服务范围越来越广泛

高校图书馆社会化服务今后的发展趋势是向大众化、普及化方向转变。最直接的是处于郊区和农村地域的高校图书馆，可能会有更多的机会面向社会用户提供服务。而处于中心城市的高校图书馆，无偿提供学习空间，有选择地向社会用户提供文献借阅、网上信息浏览、复印打印、信息咨询，和社区联合建立流动图书馆等，是今后发展的趋势。

高校图书馆社会化服务普及化的另一个表现是参加此项工作的高校图书馆将会越来越多，服务的社会用户也会越来越广。随着服务意识的逐渐转变和服务手段的不断改进，面向社会服务的高校图书馆将会越来越多，而认识图书馆、利用图书馆的社会读者也相应地增多。

高校图书馆不仅会面向一般的、个体的社会用户进行服务，而且会更多地向政府部门、企业组织、科研机构及社会团体提供专项的咨询服务，还会向处于边

远地区的弱势群体用户提供必要的知识信息服务。

二、高校图书馆社会化服务手段出现交织使用

高校图书馆社会化服务发展趋势的又一特点就是高新技术的普遍利用，催生出越来越先进的服务手段。

（一）免费的无线网络

无线网络（wireless network）是采用无线通信技术实现的网络。无线网络既包括允许用户建立远距离无线连接的全球语音和数据网络，也包括为近距离无线连接进行优化的红外线技术及射频技术，与有线网络的用途十分类似，最大的不同在于传输媒介的不同，利用无线电技术取代网线，可以和有线网络互为备份。如今，许多高校图书馆都实现了馆内无线网络全覆盖或者校内无线网络全覆盖，校外读者一旦进入馆内（或校内）就可以直接登录无线网络，免费上网，使用网络信息资源。

由于无线网络的覆盖面积远远超过了有线网络信息传输的覆盖面，使得高校图书馆信息共享服务突破了传统的地域限制。无线网络使得高校图书馆信息服务的触角可以延伸到过去因为技术限制无法达到的地理区域，尤其是实体图书馆、有线互联网无法普及的偏远地区，这对于弥补信息鸿沟、实现信息公平有着非常重大的现实意义。

（二）电子阅读器

电子阅读器是一种采用 LCD、电子纸为显示屏幕的新式数字阅读器，可以阅读网上绝大部分格式的电子书比如 PDF、CHM、TXT 等。不过现在的电子阅读器越来越多采用的是电子纸技术，即特指使用 eink 显示技术，提供类似纸张阅读感受的电子阅读产品。屏幕的大小决定了可以单屏显示字数的多少。应用于电子阅读器屏幕的技术有电子纸技术、LCD 等显示技术。

（三）移动图书馆

移动图书馆（亦称手机图书馆）服务是指面向移动用户提供的以智能手机、iPad（美国苹果公司的平板电脑）、PDA（Personal Digital Assistant，掌上电脑）等移动终端设备为载体，通过无线接入的方式访问图书馆资源、阅读电子书、查询书目和接收图书馆服务信息的一种新型服务方式。目前国内外各公共图书馆、高校图书馆纷纷推出了自己的移动图书馆服务。我国自 2003 年起陆续推行此项服务，并取得了一定程度的进展。目前，移动应用主要包括面向移动用户的网站

与 OPAC、移动馆藏、短信提醒服务、短信参考咨询服务、移动语音导览等内容。

我国的高校图书馆联盟大致分为传统的高校图书馆联盟、数字图书馆联盟和移动图书馆联盟。与国外高校图书馆联盟不同，我国的数字图书馆联盟从来不是一个真正的共享风险、共担利益的联合体：很多成员不具备独立完成联盟所交给任务的能力；成员馆之间没有明确的权利、义务划分，导致责任不明；缺乏有效的监督机制，对成员执行联盟任务、完成项目情况不能进行恰当的评估与反馈。最为重要的是缺乏必要的利益均衡机制，导致信息资源基础好、技术先进、投入多、产出多的成员得不到相应的回报，从而严重地挫伤了这类成员建设数字图书馆的积极性。

面对移动图书馆建设与利用过程中的难题，高校图书馆迫切需要通过逐步探索、选择、完善一种有效的组织形式与发展策略，来协调、解决信息资源共享过程中所涉及的一系列影响因素，从而保证高校信息资源共享工作的可持续发展。这种全新的组织形式就是移动图书馆联盟。移动图书馆联盟是一个全新的概念，一种全新的组织形式，一种完全不同于以往图书馆联盟与数字图书馆联盟的定义。高校移动图书馆联盟是高校图书馆为了实现读者任何时间、地点都能无限制地获取信息资源的目标，以无线网络技术为知识资源推送手段，以合作方成员自有资源与网络资源为知识仓库，以实现资源共享、互惠互利为目的，与移动运营商、数据库开发商、网络信息技术公司等网络运营商、服务商、开发商以商业化运作的形式组织起来的、受共同认可的协议和合同制约的联合体。

移动图书馆联盟不同于以往一般意义的图书馆联盟，也不等同于数字图书馆联盟，它们之间存在着极大的差异。回顾以往图书馆联盟或数字图书馆联盟，几乎所有的联盟都是以某一个图书馆为中心馆，并在其中起主导地位，集中采购、集中编目、联机参考咨询，主导着联盟的发现方向，以实现资源共享、互惠互利为目标而组织起来的，不以营利为目的。而移动图书馆平台开发与构建是开展移动图书馆业务的基础条件。无论是移动服务平台的支撑还是在数字图书馆系统中移动应用的开发，目前国内外图书馆都是采取与移动运营商、数据库开发商、网络信息技术公司相合作的形式，以上成员在移动图书馆联盟建设中扮演着至关重要的角色，这三方是以营利为 0 的与图书馆组成的合作体。

（四）校外访问

校外访问是为了方便住在校外的本校师生访问图书馆电子信息资源的一种方式。如上海交通大学图书馆规定，校内师生如果身在校外，可以通过以下方式访问高校图书馆的电子资源。

（1）代理服务。为了便于师生通过电信等公共网络信息网访问那些只允许在校园网内才能访问的资源（如图书馆的某些数据库、OA办公系统等），网络中心目前已开通内部访问代理服务。只要是申请了校园网统一账号并开通了电子邮件服务的本校师生都可以通过输入自己的账号和口令使用网络中心提供的内部代理功能。

（2）VPN服务。VPN的英文全称是"Virtual Private Network"，即虚拟专用网络，它是通过一个公用网络建立一个临时的、安全的连接，它主要采用了隧道技术、加解密技术、密钥管理技术和使用者与设备身份认证技术。有了VPN技术，用户无论是在外地出差还是在家中办公，只要能上互联网就能利用VPN非常方便地访问内网资源。VPN服务已正式开通，目前仅对教工开放，需使用VPN服务的教工可到网络中心申请开通。

同样，高校图书馆也可以在知识产权允许的基础上，仿照本校校外师生使用电子资源的形式，为社会用户提供数字资源服务。

（五）网上信息咨询平台

网上咨询是进入21世纪后公共图书馆、高校图书馆和科学图书馆普遍运用的一种服务方式，主要是通过建立网上咨询平台，和读者实时互通信息，了解读者信息需求状况，解答读者的问题。网上咨询平台有单个图书馆的，也有联盟性质的。高校图书馆网上咨询对象主要是本校师生，也对社会用户提供咨询服务。如北京大学图书馆在主页设有咨询台，包括实时问答、电话咨询、邮件咨询、BBS等形式；上海交通大学图书馆在主页上建有图书馆BBS和留言板，用来解答读者问题。

网上信息咨询平台比较有影响的是"全国图书馆参考咨询联盟"。它是在全国文化信息资源共享工程国家中心指导下，由我国公共、教育、科技系统图书馆合作建立的公益性服务机构，其宗旨是以数字图书馆馆藏资源为基础，以因特网的丰富信息资源和各种信息搜寻技术为依托，为社会提供免费的网上参考咨询和文献远程传递服务。

"全国图书馆参考咨询联盟"拥有我国目前最大规模的中文数字化资源库群，提供网络表单咨询、文献咨询、电话咨询和实时在线咨询等多种方式的服务。"全国图书馆参考咨询联盟"实行资源共享和免费服务政策。读者在本网络将可得到全国图书馆提供的网上参考咨询和文献远程传递服务。对读者提出的问题，将会努力做到有问必答。读者对获取到的信息须严格按照我国法律法规和知识产权保护等相关规定下使用。

（六）自助借还技术

FRID 是无线射频识别技术的简称，它通过非接触和非线性可见的方式传送标识物质，进而对物体进行身份识别。FRID 具有良好的防伪性能，保密性好，操作快捷方便。

图书借还自动化系统是基于 FRID 技术的图书馆智能管理系统的一个子系统。图书馆智能管理指的是利用先进的 FRID 技术，将门禁、借书卡、图书标签、标签转换系统、自助借还书机、馆员工作站等系统融合在一起，对图书馆进行更为有效的一种管理模式。图书自助借还系统是一种可对粘贴有 RFID 标签的流通资料进行扫描、识别并可进行相应借还处理的设备系统。读者可自助进行流通文献的借还操作，方便读者和馆员对流通文献进行借还处理。可以通过 SIP2 协议或NCIP 协议与应用系统对接，快速准确地完成借阅，是图书馆智能管理系统中的一个子系统。

三、高校图书馆社会化服务方式逐渐灵活

由于我国高校图书馆社会化服务工作还处于起步和逐渐发展阶段，所以在今后一段时间内，其服务方式不会是单一的，而是既有传统的手工服务形式，也有现代化的网络服务形式，深层次的专题服务、咨询服务和学习共享空间等将会有很大的发展空间。

（一）传统的手工服务依然有很大空间

我国目前的知识服务点或者文献信息服务点还比较分散，在地域分布上非常不均衡，处于边远贫困的农村地区信息化程度还非常低。尽管近年来国家在积极实施"农家书屋"建设工程和"文化信息共享工程"等提升农村文献信息水平的工程，但从效果来看，还远远未达到预期的目的。所以高校图书馆社会化服务还有很大的发展空间，传统的服务方式仍有很大的市场。

从已有的服务方式来看，高校图书馆传统的社会化服务方式主要包括：向社会用户提供自修学习场所、为社会用户办理借阅证、吸引社会用户来图书馆阅览报刊、借阅图书、社区联合为社会用户举办知识培训讲座、在社区举办文献信息以及知识宣传、为乡村用户提供流动图书馆服务等。

（二）网络信息服务将大显身手

从高校图书馆的服务形式来看，网络信息服务所占比例已越来越大，并受到越来越多的读者的青睐。这不仅反映在高校图书馆电子信息资源的比例越来越大，而且表现在其服务的手段越来越现代化、信息化、数字化，所以网络信息服务方式将是今后高校图书馆社会化服务最重要的服务形式。

其一，高校图书馆的主页服务。高校图书馆的主页反映了高校图书馆的基本情况、信息资源、服务项目，并有其他知识资源的介绍，社会读者可以通过浏览图书馆主页了解高校图书馆的基本状况。

其二，高校图书馆的免费数据库和免费网络资源服务。国内高校图书馆拥有非常丰富的数字资源，有些是有知识产权的，有些是免费的。如西北民族大学图书馆自建的"甘肃特有民族研究资料数据库"、兰州大学图书馆自建的"敦煌研究数据库"等，除了本校师生外，校外读者也可随时使用。另外高校图书馆还可将有特色的网上资源，按照用户的需求进行下载组织，提供给社会用户。

其三，文献远程传递和网上信息咨询。高校图书馆可通过建立网上咨询平台和学科馆员的形式，以网上实时互动、邮件咨询等形式解答社会用户的问题，提供社会用户所需的文献信息。

其四，为社会用户提供网络课程。高校图书馆可以根据大多数社会读者的需求，通过和网络课程机构协作或者自己整合，定期为社会用户开通网络课程，不断提高他们的知识素质。

（三）深层次的知识信息服务初见端倪

深层次的知识信息服务即是从用户的实际状况和信息需求出发，结合用户的事业发展，面向用户，开展适合用户全面发展和提升自身文化素质的一系列知识信息服务。这种服务在国家全面加强技术创新、提升全民素质的大背景下尤为迫切和重要。深层次的知识信息服务过去在科研院所图书馆和高校图书馆内已开展并取得了较好的成绩，今后在条件许可的情况下，可逐渐运用到社会化服务中。

深层次的知识信息服务形式很多，这里就选择比较适合社会用户的几种形式做介绍。

第一，数字化参考咨询服务。在现代网络环境和信息技术支持下，高校图书馆除了保留必要的面对面地解答咨询外，大多借助网络开展数字化参考咨询服务。

第二，高校在线参考咨询服务。这是一种在网络虚拟环境下参考服务人员直接面对用户，即时回答用户提出问题的参考咨询方式。它保持了传统咨询服务中实时互动的特点，而又突破了时间、地点以及用户心理的局限。目前，聊天室、网络会议、网络白板、网络呼叫中心等都是实时交互参考咨询可利用的形式。

第三，高校异步式参考咨询服务。这主要是基于电子邮件的数字参考咨询服务形式。一般高校图书馆都在其网页上设立一个专门"信箱"，用户咨询问题以邮件形式发送过来，参考服务人员再将答案以邮件形式传给用户。这是目前高校图书馆常用的参考咨询方式。

第四，高校专家式参考咨询服务。用户把问题委托给咨询专家，由专家来根据问题提供方案或其他知识产品的服务。这种问题往往是专业领域研究性的课题。

第五，高校合作式参考咨询服务。这是指由多个图书情报机构联合形成的分布式虚拟参考服务网络，它以庞大的因特网资源和众多成员机构的馆藏资源为依托，以全球网络为桥梁，以各成员机构的资深参考咨询员和各学科专家做后盾，通过一定的数字参考系统，为在任何时间、任一地点提出问题的任何用户提供参考服务。

第六，高校个性化定制服务模式。这是指按照用户个人的需求、爱好和知识体系而定制一个聚合了分布式多元化信息资源、工具和服务的数字信息体系，并以此为用户提供连续性、系列化的专业信息服务。这种模式一方面体现在参考咨询等以解决用户的具体问题为基础的灵活服务中，另一方面也将融入系统和组织体制中。

第七，高校学科馆员式服务模式。该服务模式按照学科专业领域来组织人力和资源，是高校图书馆知识服务的一种模式。高校图书馆在各院系安排具有专业背景的学科馆员负责一个或几个专业，通过定期或不定期地与用户联系，深刻了解用户信息需求、信息行为以及反馈意见，从而提出系统的专业信息资源建设意见，并反馈给图书馆管理部门。这种服务不但能够起到调整、协调、反馈和动态跟踪作用，而且可以提供相关专业领域的知识信息咨询服务。

（四）高校个性化服务逐渐普及

美国图书馆学会（American Library Association，ALA）下属的图书馆和信息技术领域专家小组（Library and Information Technology Association，LITA）于1999年1月对图书馆技术的发展做出的预测中指出，图书馆技术发展的7大趋势是：①定制与个性化；②网络资源评价；③人文因素；④技术；⑤家庭学者；⑥认证和权限管理；⑦淹没技术（Submerging Technologies）。个人图书馆（MyLibrary）的不断涌现印证了该专家小组所做的预测。据调查，目前美国大多数高校图书馆都建有自己的 MyLibrary。个性化服务是相对于图书馆普遍的群体服务而言的，是传统图书馆定题服务、重点读者服务在网络环境下的深化，是基于对信息用户信息使用的习惯、偏好、特点、研究课题和研究方向等，向用户提供满足其独特需求的一种针对性服务，是图书馆等信息服务业向纵深发展的方向和重要内容。

个性化服务目前采用的主要方式有以下几种：

1. 定制信息服务

定制信息服务是大规模定制运用在信息服务中的体现，它运用先进信息技术，通过用户定制获取用户个人信息，了解和推测用户的需求，从而为用户提供更为到位的信息服务，提高用户满意度。同时通过与用户的直接或间接沟通，改善与用户的关系，增加用户的忠诚度。

在个性化定制信息服务中，用户可以根据自己的兴趣和需要选择（定制）信息。定制的内容非常丰富，包括资源、界面和服务三大类。其中定制的资源是指用户感兴趣的资源类型，例如针对数字图书馆的信息，人们可以选择常用的数据库、电子期刊、相关网站、搜索引擎、专业词表等参考信息源。定制的界面包括界面颜色、图标、布局等。定制服务可以选择自己需要的服务，如将自己比较困惑的问题和解决方案汇集在一起生成 FAQ 服务，包括设定电子邮件提醒服务，以便系统自动将感兴趣的信息发送到自己的 E-mail 信箱中；在个性化页面中选定本专业的咨询专家，以便随时获得专家帮助。

2. 代理方式

信息代理是指图书馆等信息部门充分发挥其在信息收集、整理、分析和人员、设备等方面的优势，为用户代理各项信息事务。智能代理技术是一种能够完成委托任务的智能计算机系统，能模仿人的行为执行一定的任务，不需要或很少需要用户的干预和指导。智能代理通过跟踪用户在信息空间中的活动，自动捕捉用户的兴趣爱好，主动搜索可能引起用户兴趣的信息并提供给用户。

智能代理的主要功能有：个性化的信息管理代理库，管理用户个人资料；信息自动通知；通过分析用户的兴趣，提供建议性的页面和链接；智能搜索，进行信息过滤，为用户提供更准确的信息；动态个性化页面，给用户提供一个适宜的友好的浏览界面。

3. MyLibrary

基于个性化信息服务的 MyLibrary 已引起国内外图书馆界的广泛注意。My Libmry 系统由美国康奈尔大学图书馆开发并于 1999 年投入使用。该系统目前由两部分组成：Mylinks 和 MyUpdates。这两个产品遵循共同的开发方法和核心技术，用 Java 动态创建 HTML，运用 Oracle 数据库技术存储大量的用户信息。用户通过 ID 和口令认证才能登录自己的 MyLihrary，根据需要可以进入 Mylinks 或 MyUpdates 的界面。

Mylinks 是为用户个人组织数字化资源的工具，用户可利用它收集、组织和维护图书馆提供的数字信息资源以及 Web 的各种资源链接，将个人所需的信息组织在自己的 Mylinks 中。MyUpdates 是将图书馆新到资源及时通报给用户的工具。MyLibrary 还允许个人创建一种列有突合速盖可获得信息资源的网页，页面可包括系统的信息、馆员的联络方式、用户的个人图书馆馆员、校内资源、学科专业网络资源、外文数据库、电子期刊、搜索引擎等内容的直接链接。

参考文献

[1] 陈媛媛，李世颖 . 高校图书馆社会化服务进程中的问题与对策 [J]. 图书馆理论与实践，2015（8）：109–112.

[2] 程焕文，刘佳亲 . 挑战与回应：中国高校图书馆的发展方向 [J]. 中国图书馆学报，2020（4）：39–59.

[3] 段美珍，初景利，张颖 . 国外高校图书馆技术支持服务实践与启示 [J]. 现代情报，2019，39（9）：3–11.

[4] 鄂丽君 . 高校图书馆的图书漂流活动调查与分析 [J]. 图书馆杂志，2016（4）：43–47.

[5] 高凡，欧阳娟，吴秀明 . 高校图书馆阅读推广对读者个体影响力的评价研究 [J]. 大学图书馆学报，2021，39（6）：62.

[6] 耿哲，郭晶 .21 世纪以来我国高校图书馆服务质量效益与服务创新动力研究回顾与展望 [J]. 图书情报工作，2022，66（6）：126–136.

[7] 韩宪英 . 对新时期高校图书馆发展建设的思考 [J]. 图书馆工作与研究，2018（2）：110–112.

[8] 李明 . 高校图书馆阅读推广研究 [M]. 北京：朝华出版社，2019.

[9] 梁士金 . 基于移动网络社交媒体的高校图书馆社会化服务 [J]. 图书馆工作与研究，2017（6）：109–113.

[10] 刘海涛 . 高校图书馆阅读推广策略与趋势研究——基于 "第四届全国大学生阅读推广高峰论坛" 的思考 [J]. 图书馆工作与研究，2020（7）：114–120.

[11] 刘时容 . 且为繁华寄书香 高校图书馆阅读推广理论与实务 [M]. 北京：新华出版社，2018.

[12] 刘玉江，朱娜娜 ."互联网 +" 环境下高校图书馆服务创新研究 [J]. 继续教育研究，2016（9）：32–33.

[13] 沈洋 . 高校图书馆学科服务制度体系建设研究——基于我国 39 所 985 高

校的调查 [J]. 现代情报，2017，37（5）：121.

[14] 孙翌，陈晶晶，易庆，等. 高校图书馆多元化阅读推广服务体系建设与实践——以上海交通大学图书馆为例 [J]. 大学图书馆学报，2021，39（1）：78.

[15] 王姝，马家伟，蒋振喜，等. 高校图书馆阅读推广影响力及评价研究 [J]. 图书馆，2021（12）：74-80.

[16] 吴佳丽. 高校图书馆阅读推广理论与实践研究 [M]. 延吉: 延边大学出版社，2019.

[17] 张姣，李柯，盛兴军. 国内外高校图书馆移动阅读服务比较研究 [J]. 现代情报，2017，37（2）：83-88，107.

[18] 赵国忠，张创军. 高校图书馆社会化服务概论 [M]. 北京: 国家图书馆出版社，2016.